丛书编委会

总　策　划：来新国　王文成

编委会主任：郭齐勇　周晓亮

编　　　委：来新国　陈知涯　张　彧　尹格韬　沈　众

王文成　孟淑贤　周长志　罗养毅　秦　丹

乌　琛

大家精要

阮元

陈居渊 著

陕西师范大学出版总社

Ruan Yuan

图书代号 SK17N0235

图书在版编目（CIP）数据

阮元／陈居渊著．—西安：陕西师范大学出版
总社有限公司，2017.7（2024.1重印）
（大家精要）
ISBN 978-7-5613-9203-4

Ⅰ.①阮…　Ⅱ.①陈…　Ⅲ.①阮元（1764—1849）—
传记　Ⅳ.①K827=52

中国版本图书馆CIP数据核字（2017）第116449号

阮　元　RUAN YUAN

陈居渊　著

责任编辑　郑若萍
责任校对　陈柳冬雪
封面设计　张潇伊
出版发行　陕西师范大学出版总社
　　　　　（西安市长安南路199号　邮编 710062）
网　　址　http://www.snupg.com
印　　制　永清县晔盛亚胶印有限公司
开　　本　650 mm×930 mm　1/16
印　　张　10
字　　数　100千
版　　次　2017年7月第1版
印　　次　2024年1月第2次印刷
书　　号　ISBN 978-7-5613-9203-4
定　　价　45.00元

读者购书、书店添货或发现印刷装订问题，请与本公司销售部联系、调换。

电话：（029）85303879　　　传真：（029）85307864　　85303629

目 录

引子 / 001

第 1 章　阮元的家世 / 003
扬州阮氏 / 003
武功世家 / 004

第 2 章　少年理想翰林梦 / 008
慈母启蒙 / 008
寻觅名师 / 009
立志翰林 / 011

第 3 章　金銮殿上跃龙门 / 013
乡试中举 / 013
会试受挫 / 015
一举成名 / 017
天子门生 / 019

第4章　初任学政揽俊杰 / 024

浙江选才 / 024

文昌气盛 / 027

不拘一格 / 031

第5章　继任巡抚显吏才 / 034

整顿吏治 / 034

济赈救灾 / 036

平定海盗 / 038

第6章　再任总督护国威 / 042

严禁鸦片 / 042

整顿防务 / 044

捍卫疆土 / 046

第7章　宦海沉浮撰国史 / 048

官场栽跟头 / 048

清代《儒林》 / 052

第8章　编书刻书传儒学 / 057

汇总古训 / 057

畴人立传 / 062

重校经典 / 065

再刊经典 / 067

荟萃精华 / 070

第 9 章　诂经学海育精英 / 074

诂经明道 / 074

学海无涯 / 079

第 10 章　士林山斗树典范 / 083

调整汉学 / 083

弘扬新风 / 090

论仁说孝 / 096

文笔之辨 / 102

第 11 章　太平宰相传薪火 / 112

荣归故里 / 112

心系朝廷 / 117

金石情结 / 119

南书北碑 / 126

《文选楼丛书》/ 133

第 12 章　社会影响与历史地位 / 140

附录

年谱 / 147

主要著作 / 151

引 子

公元 1764 年，时当清代乾隆二十九年，以干支纪年的话则为甲申岁。这年的农历正月十五日，扬州市民还沉浸在辞旧迎新的春节喜庆之中，又迎来了一年一度的元宵佳节。连续数日，扬州市内大街小巷张灯结彩，人们点起万盏花灯，携亲伴友出门赏月亮、逛花市、放焰火、猜谜语、吃汤圆、舞龙灯，正可谓"玉漏铜壶且莫催，铁关金锁彻明开，谁家见月能闲坐，何处闻灯不看来"。

然而居住在扬州城西门白瓦巷的阮家，却显得异常的平静，没有一点儿由节日带来的热烈气氛。户主阮承信虽然说是官宦子弟，但是他为人清廉，又不热衷于功名，可是多年来总有一件心事萦绕于他的心头，让他高兴不起来，那就是他弟兄四人虽然都已经成家立业，可是四房中都没有生下一个男孩。而他本人也到了而立之年，自从娶了林氏以来，也未见生育，去年总算有了身孕，一家人都急切地盼望她能生一个男孩以延续阮家的香火。春节刚过，林氏转眼间已到了临产的时候，阮家上下谁还有兴致去观灯赏月呢？正月二十日子时，随着一声婴儿的啼哭，一个男婴呱呱坠地而来到了人世，巧合的是这天也正是唐代大诗人白居易的生日。

这个男婴，就是后来二十六岁便考上了进士，历仕清代乾隆、嘉庆、道光三朝，先后担任过山东学政，浙江学政，浙江、湖南、江西巡抚，漕运总督，两广总督，云贵总督，官至体仁阁大学士，加太子太保、太傅头衔，被人们誉为"极三朝之宠遇，为一代之完人"的阮元。

第 1 章

阮元的家世

扬州阮氏

阮元（1764~1849），字伯元，一字梁伯，号云台（一作芸台），又号研经老人、雷塘庵主等，江苏扬州人，籍贯为江苏仪征。中国的阮姓，最早可以追寻到商朝时期，"阮"当时是一个诸侯国的名称，主要在今天甘肃省的泾川县一带，后来子孙们以国名作为自己的姓氏，于是就有了阮姓。阮姓到了魏晋南北朝时期，人口繁衍众多，曾经是陈留郡（今河南开封）的著名望族。唐宋时期，阮氏家族开始往南部迁徙。南宋以后，阮氏家族迁往江西的清江县。明代建立以后，皇帝朱元璋为了巩固自己的新政权，分化江西具有雄厚经济实力的庶族，实行了"迁徙宗族"的政策，于是阮氏家族也因此被迫由江西迁往江苏，定居在当时的淮安府。到了明代万历年间，阮氏家族中有称为阮岩的一支，又从淮安再迁往江苏的扬州江都县。

明代崇祯末年，明将黄得功、高杰率部驻扎在仪征和扬州城外，当时史可法守扬州，名义上是督师，但是事实上却不能节制黄、高两部，而且相互间彼此猜忌，军事冲突、火并事件屡屡发生，扬州城内居民常常处于城破遭难的惶恐之中。正是在这种情况下，为了避免全家遭到不测，阮元三世祖阮文广接纳了媳妇厉氏避居他地的建议，带着四个儿子，逃出扬州城北门四十多里，在一个叫北湖公道桥的地方重新定居，这就是阮元家族聚居扬州北湖公道桥的开始。

武功世家

阮氏一门都以武功起家，先祖阮武德在元代末年以武功而显赫一时。阮元的二世祖阮国祥，被授明威将军；三世祖阮文广，在明代万历年间，官至陕西榆林卫正兵千户；曾祖父阮时衡，被授昭勇将军，累授光禄大夫、户部左侍郎。不过，真正使阮元家族显世的，则是起于阮元的祖父阮玉堂。

阮玉堂，字履庭，号琢庵。清代康熙五十四年（1715），他参加在京城举行的武科考试，结果殿试三甲，赐同进士出身，为镶蓝旗教习。雍正元年（1723）晋升为三等侍卫，赏戴花翎。雍正三年，外放湖北抚标中军游击，因为得到了大将军岳钟琪与总督史贻直的赏识，改任苗疆九溪营游击，职位次于参将。

乾隆五年（1740）五月，湖南省发生了城步、绥宁两县的苗民起义。清廷任命当时的云贵总督张广泗为经略，统帅全军，阮玉堂也奉命领兵随总兵刘策名进剿三界溪。由于双方军事力量悬殊，加上粮食不支，苗民起义很快被官兵镇压，数千苗民向官军投降。然而，总督张广泗却打算将他们全部处以死刑。阮玉堂了解到苗民此番是真心归顺朝廷，所以再三劝说总督张广泗不要尽杀无辜，建议专门处死那些能够携带武器与官兵相对抗的壮夫，而将那些妇女以及还不满十六岁的男孩一律予以赦免，并给以口粮以保证他们的基本生活。张广泗同意了阮玉堂的建议，因此苗民中除壮年男子外都保全了性命。后来苗民为了感谢阮玉堂对他们的救命之恩，专门修建了生祠祀奉他。乾隆十三年阮玉堂升为河南卫辉营参将，由于训练士卒过于严厉，一度被罢免。不久又被授为广东钦州营游击，乾隆三十四年卒于任所。著有《珠湖草堂诗集》《琢庵词》《箭谱》《阵法》等。

阮元的父亲阮承信从小喜爱读《春秋左传》《资治通鉴》一类的历史书籍，熟悉古今成败的政事，又酷爱练武、骑射，史书上说他"习相马法，乘骑驰千里"，颇有他父亲阮玉堂的风范。不过，他从未参加过任何一类武举考试，是一个不图仕进、闭户守贫的人。清学者焦循在《阮湘圃先生别传》中记载了这样一则故事：阮元的父亲曾经外出某地，来到了一个摆渡口，无意中拾到了一只普通的布制口袋，打开一看，他大吃一惊，原来布袋里面装的全都是白银，同时还有官府的重要文书。阮父看后非常着急，认为"此事上关国务，下系人命"。于是专门坐在这摆渡口守候这位掉落布袋的失主到来。真是老天不负有心人，他一直等到傍晚，终于见到一人急急地往渡口赶来，并且不时地四周张望，似乎在寻找什么东西。不一会儿，又见那人踉跄地走向河边准备投河自尽。阮父见此情景，飞奔上前阻拦，询问缘故，那人一边告诉自己遗失布袋失金一事，一边哭着说："公事甚急，失此并累本官，不如先死。"阮父听后毫不犹豫地将所拾到的布袋交还给了他，失主双腿跪在阮父面前，千谢万谢，要求阮承信留下姓名，将来有机会可以报答救命之恩，而阮父则挥挥手含笑而去。

又有一次，阮父去宣城旅游，不巧那天宣城街市失火，殃及民居，被焚烧的民房达千余家。其中那些家境贫困的人家，因为没有经济能力租借其他房屋安身，一家男女老幼只能在屋外露宿。这时天气忽然大变，暴雨滂沱，全家人一起相拥在污泥浊水中哭泣。阮承信见此惨状，心里十分着急，他粗略地计算了一下，其中最需要及时得到帮助的人家也仅百十来户，所需要的费用不是很多，随即与当地的商家商议安置计划。不料他的这一番诚意，竟招来了商家们的质疑，认为他人微言轻，自不量力，成事不足，败事有余。面对商家的嘲笑，阮承信没有丝毫犹豫不决，决定由自己出资来做。于是招工匠临时搭建了棚屋一百多间，使那些遭受到火灾而无家可归的贫民终于有了一个暂时栖身之地。

后来，阮元做了浙江学政的大官，时值阮承信生日，不少人手持千金和贵重的礼品，表面上是前来祝寿，实际是为了巴结他。阮承信见状，痛加怒斥说："吾生平耻苟得财，故贫耳，君奈何无故而为我寿，不恤千金。若曰有乞于吾之子，吾子受朝廷重恩，虽为清廉官，犹不足报万一，而以此污之乎！君以礼来，吾接君敢不以礼？君以贿来，恐今不可出此门阈。"前来祝寿的人无不满脸惭愧，怏怏而退。由于阮承信为人正直，又热心于救灾赈济等各项慈善事业，在乡里口碑颇佳。晚清有一个叫陈康祺的人，在他编写的《郎潜纪闻三笔》一书中，他是这样评价阮氏家族的："窃观世家巨族，子孙通显，若其人庸庸无所表现，虽身都令仆，而祖德不必其可稽。至于勋名政绩，学问操持，果足泽当时而传后世，则虽一命以上，其先人积累，必先有以赝乎宗族乡党之心。醴泉芝草，确有根源，观于文达父祖，益可兴起矣。"正因为如此，阮家虽然世代习武，但是在当时的扬州城内可称得上一户远近闻名的礼仪耕种之家了。

第2章

少年理想翰林梦

阮元少年时期，三投名师，立志翰林，这不仅为他畅通了今后的科举之路，而且为他实现自己的人生理想与抱负也奠定了重要的基础。在中国古代，读书人的唯一出路，就是读书做官，光宗耀祖。

慈母启蒙

阮氏祖辈虽然以武功起家，但是阮元生得体弱力小，不能胜任在马上驰射，于是阮父决定让他改学儒家的经学，走读书做官、光宗耀祖的道路。阮元从小很聪慧。五岁时，他的母亲林氏就开始教他识字。林氏是福建莆田人，在明朝天启年间（1621~1627），林家为了躲避倭寇在沿海的不断骚扰和猖狂掠夺，从莆田迁往安徽凤阳。不久，又迁到扬州甘泉县西山的陈家集安家。阮元的外祖父林廷和，字梅溪，乾隆十八年（1753）考中了举人，做了福建大田县的知县，所以阮母林氏也算得上是出身于书香门第之家。为了让阮元从小就能掌握较为全面的知识，林氏还特意将其祖父林文琏生前选编的王维、孟浩然、高适、岑参等唐人诗集供阮元阅读，又亲自手录白居易《燕诗》《示刘叟》等篇，讲授平仄、音韵、对偶等做诗的技巧。阮元之所以能在八九岁便能作诗，写出"雾重疑山远，潮平觉岸低"那样令人刮目相看的诗句，后来二十八岁时又以赋《眼镜》诗而得到乾隆皇帝的赏识，与林氏平时对爱子谆谆不倦的教育是分不开的。

　　阮元少年时，母亲林氏就送他进入由其姑夫贾天宁办的书塾中学习。贾天宁原先也是仪征县的一名生员，因为参加科举考试屡屡不中，非常失望，于是不再应试，而在家乡办起了书塾，当了一名书塾先生。在书塾中，贾天宁主要是教阮元学习《孟子》。由于阮元小时候就患有先天性口吃的毛病，初读《孟子》时，常常不能一气呵成，所以经常受到同伴的嘲笑。对此，阮元十分苦恼，也时常躲在一边暗自流泪。阮母见此情况，不但没有责备半句，反而陪伴阮元一起朗读，耐心诱导，这才使阮元慢慢摆脱窘境，树立了信心，不久不但能流畅地背诵《孟子》全文，而且学业也因此大有长进。然而仅仅有慈母的言传身教，还是远远不够的。为了使阮元从小就能受到比较正规的启蒙教育，为日后的学业打下良好的基础，阮母林氏为阮元选择了一位扬州的名师。

寻觅名师

　　乾隆三十六年（1771），阮元告别了姑父贾天宁，师从甘泉名儒胡廷森。胡廷森，字衡子，号西琴，虽然也是屡试不中，但是他满腹经纶，得到了当时两江总督萨载等人的赏识，接纳他为幕僚，在当时的扬州算得上是一个有学问的人。胡廷森见阮元读书勤奋，而且已掌握了比较扎实的蒙学基础，便给阮元讲授《昭明文选》。《昭明文选》简称《文选》，是中国最早的一部文学总集，自从魏晋南北朝的梁代萧统编选后，一直受到读书人的重视，对《文选》的研究和注释也成了一种专门学问。比如隋唐至宋代便有所谓的"五臣注""六臣注"等，而扬州早有李善的《文选注》最为著名。李善是唐高宗时期的人。史载他有雅行，博通古今，擅长写文章，当时有人给取了个"书簏"的绰号。唐显庆时做了崇贤馆直学士，兼沛王侍读，于是为《文选》作注。后受人牵连被流放至姚州。遇赦得还，以教授《文选》为业。当时有所谓"文选烂，秀才半"的谚语。乾隆年间，扬州的一些名人如任大椿、汪中、王念孙等都精通《文选》之学。阮元从小生活在这样的一个《文选》学之乡，耳濡目染，又得到名师指点，学业又上了一个台阶。他不仅熟读了《文选》，而且从中也逐步掌握了骈文的写作方法，后来阮元成为乾嘉之际著名的《文选》学和骈文家，与胡廷森的言传身教是分不开的。由于胡廷森久居幕府，熟悉官场事务，又精通清代的刑律，所以阮元从胡廷森那里不仅仅是学习《文选》，而且最大的收获，是学到了日后做官的门道。如后来阮元出任浙江巡抚时，还特聘当时已年届八十二岁高龄的胡廷森来杭州为他"擘画一切"，可见阮元对其老师的信赖。

乾隆三十七年（1772），阮元家由扬州新城花园巷迁至百岁坊弥陀寺巷新居，新宅相距老师胡廷森的住宅较远，阮元不得已暂停了在胡廷森那里的学业，改从扬州的另一位饱学之士乔椿龄为师。乔椿龄，字书西。家贫而勤学，涉猎百家子史，擅长写文章。性情刚直，淡泊自甘，常以"廉慎"教导学生。后来，阮元思想品格中淡泊廉慎的一面也是与乔椿龄的谆谆教诲分不开的。

在跟随胡廷森、乔椿龄二位名师学习后，阮母望子成龙心切，为了阮元的仕途，又带着阮元去了当时扬州最著名的"还是读书堂"书塾，拜塾师李道南为师。李道南（1712~1787），字景山，号晴山。家里虽然非常贫穷，而且父亲在他早年时就去世了，但是他完全靠着自己的苦学考中了进士。平生一钱不苟取，在京时友人曾经以五百金相赠，他坦然一笑，拒而不受。他也不接受朝廷委派的任何官职，而是在家乡热心办学。他的学生有好几百人，一些老成博学者也纷纷找上门来受业。他常常教育学生说，文以励行，若视为科第之阶，便舍本逐末了，所以当时一般的读书人都奉他为楷模，视为"有道君子"。阮元就是在这闻名扬州的"还是读书堂"求学期间，系统地学习了儒家经典和先秦诸子百家之书，确立了研究经学的方向。

立志翰林

乾隆四十三年（1778），阮元十五岁，迎来了他进入仕途的起点——童子试。清代科举，先应知县主持的县试初级考试，及格者称"童生"，更应本省学政（学道、学院、督学，尊称学台、宗师）主持的院试，及格者称"生员"及秀才。童生一旦考成秀才，便确定属当地儒家机关（府学、州学、县学）管教，一般称"进学"。因为是第一次参加由官方举办的正式考试，阮元没有足够的思想准备，结果未能考取。不过，通过这次考试，阮元却结交了一些新的学友，开拓了他的视野。这里值得一提的是，当时正在扬州安定书院讲学的蒋士铨，给阮元留下了难以磨灭的印象。蒋士铨（1725～1785），字心余，一字苕生，号清容，又号藏园，晚号定甫，江西铅山人。乾隆二十二年（1757）进士，改翰林院编修。乾隆二十七年充顺天府乡试同考官，后以养母乞归，侨寓南京，与当时著名诗人袁枚、赵翼并称清代"江右三大家"。相传他才智过人，据说有一次，有两名翰林院编修外出，途经铅山，想起蒋士铨曾经对他们说过"铅山文风鼎盛，人才辈出，士子山民皆能吟诗作对"等语，便以县城永平镇外风波塔为题，拟好上联："宝塔尖尖，七层四方六面"，恰遇一村姑，求她答出下联，村姑摇手怏怏而去。两位编修回京城以后，便将村姑摇手而去的事告诉了蒋士铨，说他说的"铅山文风鼎盛"言过其实。谁知蒋士铨问明情况，思忖片刻，竟拍掌笑道："二位所题上联，村姑早已给你们对答上了！"二编修听后不解，便请蒋士铨说个明白。蒋士铨说："二位的上联是'宝塔尖尖，七层四方六面'，村姑的下联是'玉掌平平，五指三长两短'，如何？"二编修分明知道这是蒋士铨自己所答，但非常佩服他的才智。蒋士铨的母亲与阮元的母亲林氏关系非常密切，林母也一直期待阮元刻苦读书，日后能够成为像蒋士铨那样的大名士，诚如他后来回忆母亲林氏所说的"读书做官，当为翰林，若蒋太夫人教子乃可矣"。读书做官为翰林，这也成为阮元在少年时代的一个梦想。

第 3 章

金銮殿上跃龙门

阮元经过自己刻苦的学习，终于考中了举人。正当他信心
满满地去北京跃龙门时，命运却跟他开了一个玩笑，让他名落
孙山。科举失利促使阮元深入学术研究，最后终于一举成名。
他考中了进士，成为了年轻的翰林，同时也成为乾隆皇帝最为
得意的小门生。

乡试中举

阮元在第一次参加童子试失败后，并不气馁，积极准备次
年再考。可是事不凑巧，他的母亲林氏，由于劳累过度而于这
年不幸去世。按照清朝的法律规定，在服丧期间的学生不能够
参加任何考试。痛失慈母而又万分悲伤的阮元，不仅失去了一
次考试机会，而且不得已中断了在李道南那儿的学业，遵循古
代礼制，辍学在家守孝。一直到乾隆四十八年（1783），谢墉
担任江南学政时，阮元才再一次参加了县试。

谢墉（1719～1795），字昆城，号金圃、东墅。浙江嘉善人。乾隆十七年（1752）考中进士，官职为吏部右侍郎，曾经先后两次来到江南主持考试。清代的江南，实际上包括现在的江苏与安徽两省。谢墉在任期间，以倡导经学著称。当时如汪中、焦循、李惇、孙星衍、钱塘、汪廷珍等一些著名学者都是在他的提携下而成为名家的。相传汪中生前行为不循礼法，颇遭世人非议，然而谢墉力排众议，荐举汪中为拔贡，他曾经与人感慨地说：论官职，他高于汪中，但是要论学问高下，汪中才真正是他的老师。正是由于谢墉礼贤下士、尊重人才，阮元才能最终如愿以偿，以第四名考中，进入了仪征县学，补为附生。

乾隆五十年（1785），阮元又参加了科试，被列为一等第一名，补廪膳生员。考场中的经解策问，条对无遗，写的文章也是冠场。面对如此出色的考卷，谢墉连连赞叹地说："余前任在江苏得汪中，此次得阮某矣。"谢墉看到阮元年轻有为，于是聘请阮元进入他的幕府，追随在自己身边，重点培养。从此年满二十二岁的阮元，在谢墉的呵护下，走出了扬州，开始了他的幕僚生活。

阮元在谢墉幕府期间，帮助做一些批阅考生试卷之类的杂务工作，但是大部分时间是跟着谢墉学习制义，练习八股文的写作，积极准备这一年在南京举行的三年一次的乡试。由于好学求进，又得谢墉的精心指点，阮元早已信心满满。这年八月在南京举行乡试，主考官是朱珪、戴心亨，负责推荐与批阅阮元试卷的房官是孙梅。试题是《论语·乡党》篇中"过位"二节，主要讲的是孔子在朝、在乡的言谈举止、音容笑貌，给人留下十分深刻的印象。孔子在不同的场合，对待不同的人，往往容貌、神态、言行都不同。他在家乡时，给人的印象是谦逊、和善的老实人；他在朝廷上，则态度恭敬而有威仪，不卑不亢，敢于讲话；他在国君面前，温和恭顺，局促不安，庄重严肃又诚惶诚恐。可以说"过位"二节的文字，为人们深入研究孔子，提供了具体的资料。

对此，阮元的答题采用了江永《乡党图考》一书中分图谱、圣迹、朝聘、宫室、衣服、饮食、器用、容貌、杂典九类的内容，又取经传中制度名物，考证《论语·乡党》篇中"过位"二节的实际意义，深得分场考官孙梅的赏识，被认为是"通场万卷，合此解者不啻百分之一"，所以阮元较为顺利地通过了乡试的三场考试。第二天，他便返回扬州家中，静候报捷。果然，榜发，阮元得中第八名举人。这次与阮元同科中举的还有好友李赓芸、刘履恂、贵徵等人。在清代，考中了举人，也只是具备了做官的基本条件，读书人的理想就是再度赴京城去"跃龙门"，阮元自然也不例外。于是在朱珪、戴心亨、孙梅等长辈的叮嘱下，阮元与即将任满回京述职的恩师谢墉一起踏上了北行之路。

会试受挫

当时的北京，正云集着一大批著名学者。如王念孙、任大椿、邵晋涵等，他们都以自己的学术专长在学界独领风骚。阮元初入京师，便虚心向这些前辈问学求教。王念孙（1744~1832），江苏高邮人。乾隆四十年（1775）进士，嘉庆年间任永定河道。幼时师从戴震，精于音韵文字训诂之学。高邮原属扬州府，阮元即以同乡后学执弟子礼谒王念孙。阮元后来论及在语言文字方面取得一些成就时，还念念不忘王念孙对他的教诲："先生（王念孙）之学，精微广博。……元之稍知声音、文字、训诂者得于先生也。"任大椿（1738~1789），江苏兴化人。乾隆三十四年（1769）进士，初授礼部主事，后官陕西道监察史，充四库全书馆纂修官。早年与戴震同举于乡，受戴震的影响，研究汉儒之学，尤精"三礼"。兴化亦属扬州府，所以阮元同样视其为乡前辈而格外的尊重，"相问难为尤多"。邵晋涵（1743~1796），浙江余姚人。乾隆三十六年进士。由大学士刘统勋推荐，入四库馆充纂修，后授编修，精于经史之学。钱大昕赞誉他为"非老宿不辨"。阮元同样慕名拜谒，虚心向邵氏学习整理历史文献的方法。阮元晚年曾对人说："昔元二十岁外，入京尝谒邵二云先生。先生门徒甚多，各授以业。有会稽章孝廉逢源者，元见先生教以辑古书，开目令辑，至今犹记其目中有《三辅决录》《万毕术》等书。"正是这些前辈学者的言传身教，加上自己的勤奋，阮元的学业又有了明显的进步。

阮元到达北京的第二年，即参加了乾隆五十二年丁未科的会试。担任这科会试的主考官是内阁大学士王杰，副考官是刑部侍郎姜晟和内阁学士瑞保。阮元虽然有强烈的"跃龙门"愿望，但是云集京师参加考试的人各有专长，可谓人才济济。这次科考的状元是浙江的史致光，榜眼是江苏的孙星衍，探花是江苏的董增教，传胪是安徽的朱理，会元是江苏的顾珏，而阮元则名落孙山。

阮元初次"跃龙门"受挫，但是他毫不灰心，遵照父命，继续留在京城，准备等待下一次的会试。这时他已不再满足于向乡先贤求学，而是打算自己著书立说了。

一举成名

阮元早年曾对古代的"三礼"之学产生了浓厚的兴趣，便积累了一些自己读"三礼"的心得，趁这次在京城等候考试的机会，他决定重新校勘注释《大戴礼记》一书。《大戴礼记》一称《大戴礼》，相传是由汉代学者戴德将"古礼记"二百零四篇删为八十五篇的作品，它是研究先秦社会和儒家思想的经典文本。自《大戴礼记》行世之后，历代都有学者对它进行注释，其中较为著名的则有北魏时期的太学博士卢辩所作的《大戴礼记解诂》，但是该书"疏略殊甚，且文字讹脱亦不少"，非常难读。唐宋以后，原书遗失过半，仅存三十九篇。到了清代乾嘉时期，戴震、汪中、毕沅等学者也先后对该书进行过校勘，该书才开始有一些读者。

不过，阮元对这些前人的研究都很不满意，认为他们都局限于汉唐注经那种"疏不破注"的原则，而缺少自己的创见。为此，他写信给好友凌廷堪，希望凌氏对此提供一些有价值的意见。凌廷堪（1757~1809），字次仲，原籍安徽翕县人，是当时最为著名的礼学大师。凌廷堪接到阮元来信后，即复信表示说：可以依照前人作注释的方法，对错误的地方加以纠正，对遗漏的地方加以补充，也可以模仿唐代陆德明编写《经典释文》的做法，在文后附上一篇解释文字，这样的话，便能与《小戴礼记》、《春秋》三传一样，成为千古之业。阮元欣然接纳了凌廷堪的建议，更加用功校勘《大戴礼记》。但是非常遗憾，至今仍然未发现有阮元校勘的《大戴礼记》的专书传世。嘉庆十二年（1807），王聘珍著《大戴礼记解诂》时请阮元作序，阮元便出示历年所校《大戴礼记》的稿本相赠，并嘱王聘珍"或以己所校者衡量之，加以弃取，别为《大戴礼》作释文卷，不更善乎"。今天王书中仍然保留着阮元校勘《大戴礼记》的一些基本见解和成果，从中大致也能了解到阮元当年校勘《大戴礼记》的一些基本面貌。

阮元滞留京城期间，还做了一件使他一生都感到非常得意的事情，那就是完成了独立研究的成名作——《考工记车制图解》（一作《考工记车制图考》）一书。《考工记车制图解》是中国目前所见古代最早的手工业技术文献，书中保留有先秦时期大量的手工业生产技术、工艺美术资料，记载了一系列的生产管理和营建制度，在一定程度上反映了当时的思想观念与科学水平。今天所见的《考工记》，是《周礼》的一部分。《周礼》原名《周官》，是由"天官""地官""春官""夏官""秋官""冬官"六篇组成。西汉时，其中的"冬官"篇佚缺，河间献王刘德便取《考工记》补入。刘歆校书编排时改《周官》为《周礼》，故《考工记》又称《周礼·考工记》或《周礼·冬官考工记》。

《考工记》篇幅并不长，但科技信息含量却相当大，内容涉及先秦时代的制车、兵器、礼器、钟磬、练染、建筑、水利等手工业技术，还涉及天文、生物、数学、物理、化学等自然科学知识。正因为此，历代有关《考工记》的注释和研究层出不穷，其中成绩卓著的学者，早期如汉代的郑玄，中期如唐代的贾公彦，晚期如清代的戴震、程瑶田、孙诒让等都有专门的研究，其中戴震所著的《考工记图注》最为精核，为世人推重。阮元则对《考工记》中的"车制"进行了深入的研究，并且有新的重大突破。乾隆五十四年（1789）该书付梓，阮元立即遍赠先贤友朋，请求教正，并且颇为自负地说："右《车制图解》，元二十四岁寓京师时所撰，撰成即刊之。其间重较、轨前十尺，后轸诸义，实可辨正郑注，为江慎修、戴东原诸家所未发。"阮元也因《考工记车制图解》一书而饮誉京城，一举成名，后来梁启超也同样以"精核"两字评价阮元的这部年轻时的力作。

天子门生

按照清代科举考试的规定，每三年举行一次的乡试与会试，称为正科。但是也有例外，那就是凡遇上举行皇帝即位或皇室庆典的时候往往可以增加一科，称为恩科。阮元在北京的第二年，正巧赶上了乾隆五十四年的己酉恩科会试。这是因为乾隆皇帝将于翌年庆祝自己的八十华诞，所以特例增加一科，将乾隆五十五年（1790）的正科改为恩科，正科则提前一年举行。这次阮元以第二十八名顺利中式，同时又在圆明园举行的复试中被列为一等第十名，在殿试中以二甲第三名，赐进士出身。这科的状元是江苏的胡长龄，榜眼是江苏的汪廷珍，探花是江西的刘凤诰，传胪和会元都由浙江的钱楷所得。这次与阮元同时考中进士的那彦成、伊秉绶、贵徵等，后来都成为一代名臣。阮元自从考中进士之后，好运也接连不断降临。

按照清朝规定，凡是进士通过殿试取得了出身之后，还必须参加一次在保和殿举行的考试，由皇帝钦点大臣阅卷，评定优劣，称为"朝考"。再根据朝考的成绩，结合殿试与复试的名次，最终由皇帝钦定，分别授予各种官职。优秀者为翰林院庶吉士，进入翰林院，以待日后皇帝选用，其余的则以成绩名次先后分别授以京官、知县、教官任用。阮元以第九名的成绩通过了"朝考"，被钦定为翰林院庶吉士。由于他是众多江苏籍庶吉士中最为年轻的一个，所以当时被朝廷指定学习满文，不久又奉旨改习汉文。此时进入了翰林院的阮元，不仅能与翰林院诸前辈问学请益，又能与同辈好友切磋学问，可以说踌躇满志，春风得意。

庶吉士通常要在庶常馆学习三年后才进行考核，合格者授以编修之职，不合格者出任主事、知县，而由于乾隆皇帝八十华诞临近，阮元等一批入选者在学习不到一年就提前进行考核选拔，结果阮元以《一目罗赋》诗被钦定为一等第一名，成为翰林院庶吉士中最为年少的翰林院编修。当时阮元非常得意地写下了这样一首诗：

淡虹残雨压飞埃，清籞霏微霁色开。

青鸟拂云归阆苑，白鱼吹浪过蓬莱。

神仙此日应同驻，车马何人不暂回。

半向金鳌桥上望，水南犹自转轻雷。

诗中阮元借用唐代诗人李商隐的《碧城》和《无题》诗，把自己比喻为青鸟，"阆苑"相传为西王母娘娘所居的宫阙，有城千里，玉楼十二，阮元这里将"阆苑"比喻为翰林院，暗示自己终于实现了少年时代立下的读书一定要成为翰林的志愿。

在清朝，读书人一旦中了进士并授翰林院编修之职，可以说是光宗耀祖了。但是要像蒋士铨那样做出一番成就，事业上有所作为，那么还必须经过翰林院编修之间的激烈竞争，其中优秀者才有可能被委以重任，担任朝廷大臣。这种竞争被称为"大考翰詹"。"大考翰詹"的地点，一般设立在圆明园正大光明殿。"大考翰詹"一般都由皇帝亲自出题。这次也不例外，是乾隆皇帝亲自命题。乾隆皇帝出的试题是："拟张衡天象赋""拟刘向请封陈汤、甘延寿疏并陈今日同不同""赋得眼镜诗"等三题。阮元答完三题即交卷，阅卷大臣纷纷传看，认为阮元的答题文采博雅，十分赞赏。但是也有的阅卷大臣因为不认识阮元所作赋中"崟"字的读音与意义，于是将阮元的卷子列为三等，后来查了字典，才知搞错了，急忙又将阮元卷改列为一等，于是封卷进呈乾隆皇帝御览。次日，乾隆皇帝口谕："第二名阮元比第一名好，疏更好。"亲自将阮元的考卷改擢一等第一名。

关于阮元这次"大考翰詹"能幸运地得到了乾隆帝的青睐，当时在社会上有种种传闻。据徐珂《清稗类抄》的记载：阮元初入史馆，适逢和珅掌管院事，阮元对和珅很恭敬，自称为其弟子，和珅也将阮元收之门下。不久，大考翰詹，乾隆皇帝以"眼镜"命题，和珅知道乾隆帝年事已高而不用眼镜，先将此种情况私下透露给了阮元，所以阮元的试卷中有"四目何须此，重瞳不用他"，以乾隆帝押"他"字脱空，议论又暗合乾隆帝之意，于是将阮元列为第一。这种传闻实际上是没有历史根据的。

其实，乾隆皇帝对阮元额外施恩的原因，并不是阮元所作的"眼镜诗"，而是其所作文章中极力歌颂乾隆皇帝的文治武功最符合乾隆的心意。原文是这样写的：

> 我皇上奋武开疆，平定西域，拓地二万余里，凡汉、唐以来羁縻未服之地，尽入版图，开屯置驿，中外一家，岂如郅支、呼韩叛服靡常，杀辱汉使哉？此其不同一也。我皇上自用武以来，出力大臣无不加赏高爵，或有微罪，断不使掩其大功。下至弁微劳，亦无遗焉，绝未有若延寿等之有功而不封者。此其不同二也。我皇上运筹九重之上，决胜万里之外，领兵大臣莫不仰禀圣谟，指授机宜，有战必胜克。间有偶违庙算者，即不能速藏丰功，又孰能于睿虑所未及之处，自出奇谋，徼幸立功者耶？此其不同者三也。

史载乾隆皇帝一生最为引以自豪的事是：二平准噶尔，一安定回部，出兵大小金川，收复台湾，按抚缅甸、安南、降服廓尔喀等十全武功。可见阮元之所以受到乾隆皇帝的宠信，是因为阮元揣测到乾隆皇帝的心事，在文章中说出了乾隆皇帝自己想说而又不便直说的话。也正因此，阮元奉旨升詹事府少詹事、南书房行走，召见勤政殿东暖阁。乾隆皇帝告诫阮元"立品毋躁"，并对军机大臣阿桂说："阮元人明白老实，像个有福的，不意朕八旬外又得一人。"不久，阮元便奉旨充日讲起居注官、南书房办书，补授詹事府詹事，又补文渊阁直阁事，充石经校勘官，不到二年便出任学政，仕途一路顺畅，成为乾隆皇帝晚年最为得意的小门生。当时朝廷内外都认为：阮元一路青云，做官升迁太快，恐怕将来再也没有什么官可以给他做了。这一年，阮元才二十八岁。

第4章

初任学政揽俊杰

阮元一生以倡导学术著称，他主持文教六十年，得以成功
的一个重要奥秘，就是他利用显赫的政治地位，调整科举考试
的考试内容，不拘一格，广结学术界朋友，而且待人以礼，奖
掖后进，为乾隆、嘉庆、道光三朝政治、经济、文化等各个方面
选拔与输送了大量的优秀人才，赢得了当时社会各界的尊重。

浙江选才

乾隆六十年（1795）九月，年迈的乾隆皇帝终于宣读了退
位诏书，将皇位正式传给了十五阿哥嘉亲王颙琰，就是后来的
嘉庆皇帝，自己便做起了太上皇。也就在这年的八月，乾隆皇
帝派阮元去杭州担任浙江学政。

在清朝，学政是掌管一省的教育与文风的官员，负责按期
至所属各府、厅考试童生及生员，为朝廷选送人才。学政的人
选，一般在已经取得进士资格的侍郎、京堂、翰林、科道等官

员中委派，任期三年。清朝规定，在学政期间，不论官阶大小，与总督、巡抚平行。阮元奉命后回到扬州，于十月辞别了亲朋故友，准备渡江赴浙。这一天，阮元在扬州的一些故友知交如焦循、江藩、黄承吉、李斗、李钟泗、钟怀、汪氏兄弟、徐复等都聚集在扬州虹桥东埌净香园内，一时间高朋满座，觥筹交错，他们正在为阮元饯行，希望他此番远赴浙江能够多得人才，报效国家。

浙江自南宋以来，经济繁荣，文化发达，不仅是宋代中国儒学的重要传播和流变地区，而且还是南宋永嘉学派和明代王阳明心学的发源地。明清之际，浙东史学的各家学说更是在中国古代学术文化史上占有重要的地位。进入清代乾隆、嘉庆时期，经典汉学在社会上十分流行，浙江的学风也为之一变，成为仅次于江苏、安徽的汉学最为盛行的地区之一。梁启超曾在《清代学术》一书中这样说："清学之发祥地及根据地本在江浙。"又说：汉学"最后之壁垒"亦在浙江。而阮元本人对于汉学也是十分崇尚的，如使他一举成名的《考工记车制图解》就是采用了汉学的方法。所以此番他来到浙江担任学政，主要目的就是希望招揽一批学有根底、精通汉学的人才。正因为如此，阮元在主持宁波、绍兴、嘉兴等各地考试的时候，一反过去那种强调以八股文形式为主的呆板考试方式，而是突出经义，又以天文、算学别开一科，强调学用结合。所谓八股文，是指明朝考试制度所规定的一种特殊文体。八股文专讲形式，没有内容，文章的每个段落死守在固定的格式里面，连字数都有一定的限制，参加考试的人只能按照题目的字义敷衍成文。

分为破题、承题、起讲、入手、起股、中股、后股、束股等八个部分，所以称为八股文。八股文的题目主要摘自四书五经，所论内容主要根据宋代朱熹的《四书章句集注》，不能自由发挥、越雷池一步。一篇八股文的字数，清顺治时定为五百五十字，康熙时增为六百五十字，后又改为七百字。八股文注重章法与格调，本来是说理的古体散文，而能与骈体辞赋合流，构成一种新的文体，在文学史上自有其地位。但从教育的角度而言，作为考试的文体，八股文从内容到形式都很死板，无自由发挥的余地，不仅使士人的思想受到极大的束缚，而且败坏学风。经过阮元的考试改革，那些长期被湮没的人才得以涌现。如按试嘉兴府时选出了杨蟠、张霖、王书田、李遇孙、蒋浩、曹言纯、吴东发、萧绳祖、周继善、吴曾贵、朱绅、沈大成等，巡试湖州府时擢拔了张鉴、杨凤苞、周治平，视学绍兴府时提携了吴杰、王端履、端木国瑚等人，可谓一时才俊尽入其彀中，浙江士子无不追随在阮元左右，或者由阮元推荐入杭州各书院深造。

短短的三年学政生涯很快就结束了，阮元于嘉庆三年（1798）九月离开杭州回京述职。临行，在浙江的很多学友、同人、弟子都依依不舍，他们纷纷来到西子湖畔为他钱行，分别赋诗题赠。其中郭频伽的一首《送云台少宗伯入都》的诗最能代表当时浙江学人对阮元在浙三年学政期间的评价：

> 两浙輶轩录，千秋文选台。
>
> 清贫能养士，早达独怜才。
>
> 只眼看前古，虚心待后来。
>
> 文星芒角正，遥指近中台。

文昌气盛

由于阮元办事认真，处事谨慎，深得清廷赏识，于是朝廷将他提升为兵部右侍郎，不久又转调礼部右侍郎，在京供职。嘉庆四年，老皇帝乾隆病逝，嘉庆皇帝亲政，阮元被调补户部左侍郎，时隔一日奉旨充经筵讲官，同时又被委命为己未科会试副总裁。当时担任总裁的朱珪，不但是嘉庆皇帝的师傅，而且还是阮元的长辈兼恩师，在学界有很高声望。阮元虽然名义上是协助朱珪担任副手，但是所有考卷都由阮元批阅裁定。据阮元弟子张鉴《雷塘庵主弟子记》记载，这次考试的第二、第三场的考卷达一千三百多份，全部由阮元负责批阅，他花了三日三夜的时间，遴选出其中比较优秀的二百份，将这些试卷分为三个等级。这年科考，是清代历年会试中人才涌现最多的一次，共有二百零九人。特别是来自浙江的二十二名进士，都是阮元在浙江学政任期内选拔培养的。如状元姚文田是浙江归安人，殿试以一甲第一名，授翰林院编修，官至礼部尚书。又如浙江德清的许宗彦，也是由阮元选拔的进士。他比阮元小四岁，但生有异质，九岁就能读经史，十岁即不从师，靠自学成为通家。后来虽然与阮元结成亲家，但是许宗彦一直尊称阮元为"吾师芸台先生"。

特别是浙江萧山的汤金钊，更是有一段传奇的故事。相传汤金钊的父亲名汤元裕，幼时读过几年私塾，后来为了生计开了一家汤圆店。他买卖公平，老小无欺，是萧山一带有口皆碑的"仁厚商人"。有一天，杭州大酱园店的收账先生前来汤圆店吃汤圆，吃了一碗汤圆后便匆匆忙忙地离开了汤圆店，不料把用来收账的账篮遗忘在汤圆店内，汤元裕左等右等，直到夜晚关店门时仍不见有人来领取，无奈之下，只能将账篮暂时保管在店里面。时隔一年，该酱园店收账先生再一次收账回来进店吃汤圆，与店主汤元裕在言谈中提及遗失账篮一事，汤即刻表示说：去年是有一只账篮遗留在店中，我保管至今，天天盼望有人来领取，既然是先生去年遗留在本店的，今天理应物归原主，说着便从里屋拿出账篮还给了他。收账先生对汤元裕说：我里面还存有一万多两银票呢？边说边打开账篮一看，银票安然无恙，分文不少，心里十分感激，为了酬谢汤氏的恩惠，收账先生立刻奉上白银三千两给汤氏，汤氏坚拒不收。

不久，某日从杭州突然驶来了一艘大木船，而且就停泊在萧山汤氏汤圆店门前，该船不仅载满了一船的酒，而且还载有开办酒店所需要的各种物具。原来杭州大酱园店老板有感于汤氏为人诚信，愿意出资前来帮助汤元裕在萧山开一家酒店。汤为人老实，生性仁义，向酱园店老板缴还本钱外每年又缴上利钱，而酱园店老板又将利钱全部归汤所有。没几年，汤家就大富了，后来就培养汤金钊读书。汤金钊后来官至礼部尚书、吏部尚书、工部尚书、户部尚书等职。咸丰四年（1854），清朝廷特地加封他太子太保衔，并赐御书"庆衍恩荣"匾额，恩宠有加。

此外，甘肃的张澍也是阮元在京选拔而录取为进士的，后来成为乾嘉时期的著名学者。有关张澍，这里也有一个人们津津乐道的故事。说的是张澍曾经在家乡养病，一天，他和一位朋友去武威清应寺游玩。清应寺相传建于元代至正时期，明代永乐年间敕为清应禅寺，后来嘉靖、隆庆、万历三朝进行了大规模复原修葺。清代康熙年间，康熙皇帝亲家驻守凉州的甘肃总兵振武将军孙思克主持捐资，对清应寺塔院及塔进行了修葺，据说"金凉州"的手抄《藏文大藏经》就存放在这清应寺的藏经阁中，是甘肃一个著名的佛教文化圣地。张澍与朋友一路谈笑，不觉已走到寺院深处，这时张澍突然看到眼前有一座四面被人用砖泥砌封得严严实实的亭子。亭子本来是为点缀寺园的景致而建的，为什么要砌封起来呢？出自好奇，张澍询问寺里的和尚，和尚告诉张澍，这是一个被诅咒的亭子，在这里已经存封了几百年了。当地流传着一种说法：若是有谁敢打开这亭子的封砖，那么此人必遭可怕的天灾报应。所以几百年来，没人敢靠近这座亭子一步，而里面究竟藏着什么，现在已没人知晓了。张澍天生胆大，对民间所谓的报应一说向来不信，他决定要打开砌封看个究竟，还对天发誓说，开封后如有灾祸，全由他一人承担，绝不连累别人。在张澍的一再恳求下，和尚总算答应了。

随着亭子封砖被一点点地凿开，一块高大的黑色石碑显露了出来。碑身呈半圆形，四周刻有花纹，碑文的正面，密密麻麻地刻满了工整的楷体字。张澍靠近石碑，阅读刻在上面的文字后，不由得大吃一惊：这些看上去好像全都认识的文字，仔细看却没有一个是认识的。这究竟是文字还是什么特殊的符号呢？张澍立刻叫人把亭子四周的封砖全部拆除，虽然这块被诅咒了几个世纪的石碑全部显现出来后，传说中的天灾报应并没有应验，但是接下来所发生的事，却给张澍带来了更大的震撼。

原来石碑的另一面刻着汉字，碑文内容大致是修建护国寺感应塔及寺庙的情况，与同类石碑相比并没有什么特别之处。然而，再往下看，一行小字立即引起了张澍的极大兴趣，建碑的年款一行赫然写着："天佑民安五年岁次甲戌十五日戊子建"。张澍知道"天佑民安"是西夏崇宗李乾顺的年号，他由此断定，碑上那些奇怪的文字竟是已经失传了几百年之久的西夏文字。这块石碑就是现在被称作"天下绝碑"的"重修凉州护国寺感应塔碑"，也称"西夏碑"，它的发现不仅拉开了西夏学研究的序幕，而且还让一个被遗忘的王朝——曾经辉煌一时的西夏，由此拂去历史的尘埃，渐渐在世人的面前清晰起来。张澍是自西夏文化消亡后第一个识别出它的学者，他把这一重要发现记在《书西夏天佑民安碑后》一文中，于1837年收入《养素堂文集》中刊出，他也因此成为乾嘉时期西北史地与西北文化研究的领军人物。

再如福建闽县考生陈寿祺的试卷，同样也演绎出一段有趣的考场佳话。陈寿祺最初提交的考卷，因为阅卷考官不识陈卷中所用的典故出自《白虎通》一书，所以未被通过而遭摒弃，阮元了解这一情况后，即向朱珪竭力推荐说：如果您希望能得到如同清初博学鸿词科那样的名士的话，那么福建陈寿祺的考卷就是那种出自名士之手的考卷。最后陈寿祺被朱珪由后场力拔举荐，破格录取。后来陈寿祺出任广东、河南乡试副考官、会试同考官，文渊阁校理，教习庶吉士。年仅四十岁即绝意仕进不复出。前后主讲杭州敷文书院（兼教诂经精舍生徒），主讲泉州清源书院十年，以经学教授诸生。道光年间，受聘福州鳌峰书院，主讲鳌峰书院十年，教育英才，造就了很多名士。所以朱珪对这次科考的成功颇有感慨地说："多士奋发澡涤，英华茂实，左宜右有，三场充幅长篇至一千三百余卷，多矣哉！而条达原本者皆出其中。"而阮元也与朱珪一样对为朝荐举人才表达了他的欢愉之情：

> 人才昭代盛，渊薮尽充赢。
> 鉴别推先辈，师资得老成。
> 风流归古籍，雷雨莅清盟。
> 况有文昌气，银河洗甲兵。

不拘一格

阮元不但选拔人才，爱惜人才，而且还奖掖后进，不拘一格，只要你有一技之长，总是会给你机会施展才能。如他初任山东学政，曾经按试青州时，潍县十三岁童生陈官俊以一首《白桃花》诗而得到阮元的提拔，后来官至户部侍郎、兵部尚书、礼部尚书、工部尚书。其母九十岁寿辰，道光皇帝御书"耆臣寿母"匾额与"福""寿"字等并赏赐珍绮寿礼，并恩准其在紫禁城骑马，荣耀一时。又如浙江杭州人陈文述，有文才，少与族兄陈鸿寿为阮元所赏识，当时有"二陈"之称。阮元按试杭州时，曾经以"仿宋画院制团扇"命题为诗，陈文述以"扇文述诗"为第一，人称"团扇诗人"，阮元劝其认真读书，后为阮元亲炙弟子。临海周治平因为写不好八股文，考试始终过不了童子试这一关。嘉庆二年，阮元按试台州时，特拔周入学。

他在担任浙江巡抚的时候，曾经在吴山之麓的紫阳书院结识了不事科举、精于校勘之学的顾广圻，并请他负责校勘"十三经"的工作。顾广圻（1766~1835），字千里，号涧蘋，别号思适居士，以字行，江苏元和（今苏州市）人。出生于世医之家，父亲早逝，家境清寒。自幼好学，无书不读，人称"万卷书生"。青年时期，师从著名学者江声，是经学家惠栋的再传弟子。他学问渊博，有丰富的版本知识和校勘经验，终生未中举，穷困潦倒，后来依靠人家的推荐，才谋了一个曲阜圣公府奎文阁典籍的差事。曾先后被孙星衍、黄丕烈、胡克家、秦恩复、汪阆源等人延聘，为所刻印图书校勘。经他校刻的书籍有《说文苑》《唐律义疏》《国语》《战国策》《文选》《资治通鉴》《宋景德官本仪礼疏》等多种，被誉为"清代校勘学第一人"。

又如在广州担任两广总督的时候，阮元聘请了梅州人吴兰修出任学海堂学长，兼粤秀书院监院。吴兰修，字石华，广东嘉应州人。嘉庆十三年举人，当过信宜训导。生平研究经史之学，构书巢于粤秀书院，藏书数万卷，称为"守经堂"，自称经学博士。相传他和广东顺德名士何太青从小一起长大，又一同金榜题名，授以官职，只可惜吴兰修生性耿直，肝火较盛，加上官场混乱、钩心斗角之事层出不穷，不到一年，他一气之下辞去了官职来到学海堂著书立说，声称不再过问政事。

再如阮元的同乡江藩，被人视为狂生。史载他从小师从苏州惠栋、江声、余萧客学习经书，博综群经，尤熟于史事。平生不喜唐宋文，每酒酣之际，即抨击唐宋八大家，自称文章无八家气。所作《河赋》数千言，典丽雄伟，人们争相传抄。所著《汉学师承记》八卷，使两汉儒林家法之承受，清代经学之源流，厘然可考。又著《宋学渊源记》三卷，分北学、南学、附记，共若干人。又取诸儒撰述之专精汉学者，仿唐代陆德明《经典释文》传注姓氏之例，成《国朝经师经义目录》一卷。龚自珍称他为"窥气运之大源，孤神明以深往"，并非过誉。阮元聘他为幕僚，过从甚密，并委以编纂《广州通志》的重任。

凡此种种，不胜枚举。正因为阮元不拘一格广揽人才，所以得到了当时学者们的普遍尊重。

第 5 章

继任巡抚显吏才

阮元早年登科，宦途显赫。由翰林而出任浙、赣、豫巡抚，是当时清廷特别倚重的南方重臣。在任职期内，他整顿吏治、兴利赈灾、剿灭海匪，展示出他干练的吏才。

整顿吏治

乾隆皇帝晚年，清朝的政治、经济已呈现出由盛转衰的态势，特别是统治机构内部，腐败、苟安之风弥漫整个官场。嘉庆皇帝即位后，立即面谕将相大臣，告诫他们不要冒功升赏，不要营私舞弊，并责令：凡陈奏事件"俱应直达朕前"，不准另外交副封至军机处。旋即又宣布和珅罪状，赐令自尽，抄没家产归公，摆出一副革新朝政、励精图治的架势。正在这时候，浙江吏治腐败，漕赋不足，海寇猖獗，加上连年水患不断，民生凋敝。鉴于阮元的政治才干，嘉庆皇帝任命他为浙江巡抚。

清朝的巡抚，又称抚台，是一省最高军政长官，拥有处理全省民政、司法、监察及指挥军事的大权，基本上可算封疆大吏。当时浙江面临的实际情况非常复杂，漕运、海防、吏治等方面都出现了新的问题。阮元虽然有在浙江担任学政的经历，但是当时主要是负责选拔一省人才的工作，并不处在治理一省事务的关键岗位。因此，此番阮元重赴浙江，已与前次担任学政不可同日而语。临行之初，内阁大学士朱珪曾作《送阮云台少司农署浙江巡抚》一诗，既为阮元分析了当时浙江各地需要解决的难题，也为阮元提供了治理浙江的基本方略。他说："浙西困漕赋，浙东急海防。温台接闽粤，鲸鳄难殄僵。吏娄征倍莋，蚕食嘉湖杭。害马岂一途，鞭勒调柔刚。去甚农已活，药表里勿伤。治盗先不欲，澄属廉自将。宽分氓受福，摧关恤旋商。"阮元也知道此番重赴浙江的责任特别重大。

　　阮元一到杭州后，便采取了整顿吏治、救灾济赈、平定海盗等一系列兴利为民的措施，解决不少社会民生问题，使浙江局面一时得到缓解。当时浙江全省吏治十分腐败，如全省各地所属仓库亏空银两达四百数十万之多。对此，阮元经过调查研究，发现出现如此巨大的银两亏空，主要原因有三个方面：一是官员平时收受贿赂，生活奢华。二是官员贪赃枉法，狼狈为奸。三是官员上下勾结，侵吞公款。于是他写信给嘉庆皇帝，建议采用"年清年款"的方法，即以本年征收的银两还清本年应付之款项，不再挪新掩旧。同时阮元敦促督、抚、司、道各衙门，以身作则，崇尚节俭，严禁以任何借口掠取州县钱银。

这种转亏为盈的惠民政策实行数年后，见到了成效。九年间弥补核计已补一百八十七万八千四百有零。但恐旧亏虽补，而新亏复积，阮元廉俭持恒，皆系实补，并无新亏。嘉庆五年报解全完者止富阳一县，通省完五六分以上。自从阮元主持浙省自定仓库章程后，行之十年，通省完善，甲于各省。浙政之完善，论者都称这是从阮元担任巡抚的时候开始的。

阮元不仅整顿吏治，同时也兼管浙江关税事务。杭州北新关，是浙江的重要税收之地，可是历年来，由于关吏与胥吏勾结，肆无忌惮，当官者又与之同流合污，充耳不闻，所以关吏越发横行霸道，有人形容说"北新关吏大于虎，咆哮生风爪牙舞"，商贾过关如过鬼门关，纷纷裹足不敢前往，严重影响了浙江的财政收入。阮元到任后，即在自己的官署前挂上一副对联云：

上古无关征，后世不得已而榷关，慎勿失其初意；

本朝税有额，小民如其分以纳税，何可使有怨言。

意思是说国家的税收是有限额的，关吏不得额外征收，商贾应该按照规定纳税。此联语一出，商贾皆拍手称快。这不但抑制了关吏的敲诈勒索等不法行为，而且使北新关税务渐渐恢复正常，经济活跃了，商品流通量不断增加，每年多盈余，超额税银达六万五百余两之多。

济赈救灾

浙江地处中国东南沿海，每年到了台风季节，浙江沿海风

036

暴潮涨，全省普降暴雨，干流发生特大洪水，百姓饱受水灾之苦。阮元在浙江任职巡抚期间，以为民兴利作为立政之本，以灾情蠲免钱粮达十三次之多。如嘉庆十年，仁和、钱塘、海宁、余杭、临安、嘉兴、秀水、海盐、石门、桐乡、乌程、归安、长兴、德清、武康等十五个州县，因遭水患，"麦豆皆被淋淹，蚕丝更形歉薄"，大批灾民饥馁煎迫。阮元根据上谕"务令实惠在民，无使一夫失所"的精神，在每一个州县分设粥厂，购米煮赈。同时，挑选寺庙之地，用芦苇搭建临时居住棚，从而使数万灾民免受雨淋日晒之苦。又免收杭州、嘉兴、湖州三府所属十五州县土地税。

嘉庆十三年，富春江水位暴涨，萧山西江塘堤溃决进水，如果不及时采取措施的话，山阴、会稽与萧山三县全部农田将面临被水淹没的险境。阮元闻讯后，立即组织抢修，号召乡绅、民众捐助，有力出力，有钱出钱。当时有一个叫孙上骧的人，受阮元委托，负责抢修一千三百余丈的塘堤，他一改过去木柴加浮土的筑堤方法，而是用干土加石块，以土填实，并加木拦护土，从而使塘堤平整坚固。阮元知道后，亲自为他书写了"力卫乡闾"的匾额，挂在他家门上，以示表彰。后来阮元为了农田水利，又重新疏浚了西湖，并将民工挖掘出的淤泥堆积在湖心亭的西北面，筑成一小岛，它与三潭印月、湖心亭相映成趣，形成了西子湖畔一道美丽的风景，浙江人民为了纪念阮元为浙江作出的贡献，称它为"阮公墩"，在萧山西江塘也立有"阮怀碑"等。

平定海盗

　　阮元担任浙江巡抚期间，始终做的事是镇压蔡牵起义和剿灭海盗。嘉庆五六年，浙江、福建沿海多有海盗，有时登陆进行活动。海盗中有所谓"夷艇"，是清朝臣民与安南匪徒勾结组成的，他们中又分为凤尾、水澳、箸黄诸帮；有所谓"洋艇"，是中国人的组织，其中有以蔡牵为首的闽帮，以朱濆为主的粤帮。"夷艇"属于海盗性质，而蔡牵一帮是贫民的反抗组织。蔡牵、朱濆船队从婆罗洲西海岸出发，将曾母暗沙、万安滩、太平岛、甘泉岛、华夏暗沙、黄岩岛等处清廷设置的封贡使臣赶了出去，换上了汉臣，犹奉大明旗号。朱濆自命为大明中兴皇帝，蔡牵为镇海王。收编安南水师退走后留下来的汉人五总兵：林阿发、总兵保、郭学显、乌石二、郑乙。与大陆上天地会相融合，战船千艘，精兵十万，倚托西沙群岛、中沙群岛、南沙群岛，海上声势非常浩大。阮元为了肃清地方，亲赴前线，指挥歼灭"夷艇"。

　　嘉庆五年（1800），夏天到台州督师。阮元支持水师将领李长庚，同他通力合作。李长庚原来是浙江定海镇总兵，他为了加强海上进攻力量，不顾总督玉德的再三命令，挪用公款打造"霆舟"，配备大炮，因此受到总督玉德的打压，不甚得志。玉德本来是和珅一党，和珅一垮，玉德也没了后台。阮元到来后，重用李长庚，并出面募集十万两银子交给李长庚，鼓励他多造些战船，能够与海贼在海上一搏。二人都喜好文学，相见

038

恨晚，唱答酬和，无有虚日。李长庚对阮元说，贼船高大，就是新造霆舟也比贼舟要矮四五尺，更不要说过去的海船了。只有出其不意，攻其不备，方可侥幸取胜。新舟样式与民用商船、客船外形一样，海贼必然不及防备。阮元看到他有指挥作战能力，提请他总督浙江定海、黄岩、温州三镇水师，同时请调广东、福建水师来合围。这些建议都为朝廷所接受。

嘉庆九年，阮元会同闽浙总督玉德，请求以李长庚总统闽浙水师，俾其专任肃清海洋事务，亦获允准。李长庚作诗推崇阮元："开府推心若谷虚，要将民物纳华胥。风清海外除奸蠹，令肃军中畏简书。"

阮元还做了一件重要的事，就是造"霆船"。原来洋艇船大，清水师船小，为在装备上取胜，阮元倡捐官俸，并把银子交给李长庚打造大船。阮元为装备霆船，铸造大炮，由父亲阮承信在杭州监造，并送到军前。蔡牵方面为对付清军，在福建制造了巨艇，规模超过霆船。阮元与李长庚商量再造更大的船，李长庚乃求助于总督玉德，未得成功。在阮、李通力合作之下，很快地消灭了凤尾、水澳、箬黄诸"夷艇"。而蔡牵乘机合并了"夷艇"的残余力量，称镇海王，反对清朝。嘉庆十二年冬，李长庚消灭了蔡牵的主力，身亦战死。李长庚战死后，阮元赋诗悼念："六载相依作弟兄，节楼风雨共筹兵。"阮元的政治才干，得到了嘉庆皇帝赏识，谕曰："闻卿在浙，颇能整饬，守正才优，朕心深慰。果能常守此志，不因贵显更易素心，常忆寒窗灯下辛苦，到此地位，应显亲扬名，为国宣力，成一代伟人，不亦美欤！"

嘉庆十九年（1814），阮元奉命转调江西巡抚。在清朝，江西素称"邪教会匪"活动猖獗之地，特别是乾隆、嘉庆年间，历经曲折而不断发展的会匪组织，为了躲避政府的注意出现了众多的名称，仅添弟会就有添刀会、千刀会、添口会、关爷会等多种名号。而除了添弟会外，还有三点会、天罡会、旗钱会、花子会、开花会等多种会党组织。这些会匪通过歃血结盟的方式强化其组织职能，对内互助互济，对外则聚众抢劫、危害地方。在早些时候，江西境内就出现了天地会教主李文成、牛良臣等人的起义。特别是嘉庆十八年（1813），在清廷发生了一件大事。山东籍教徒林清与滑县震卦教主李文成会商起义，林清被推为天王。这年农历九月十四日，林清他们派教徒二百人分成两小队，暗藏武器，化装潜入北京。次日有九十余人在陈爽、陈文魁率领下，由信教的太监张太、刘得财等引导接应，分别从东、西华门一度攻入紫禁城，在隆宗门外与宫内护军激战，部分义教徒还冲至养心门，企图谋刺嘉庆皇帝。朝廷上下为之震动。事后，嘉庆皇帝采用了两面手法，一面下"罪己诏"，反省自己的执政失当，一面派那彦成、杨遇春率兵镇压，义军终因寡不敌众，很快便被击溃。但是经此事件，从嘉庆皇帝到督抚大员，无不心有余悸，惊恐万分。此后各地民乱也时时发生。

　　当时江西有一个叫胡秉耀的百姓，他买到一本残缺不全的图书，书内有阵图以及造反等俚语，便向他的同伙邱恭泽、杨易、卢胜辉等人宣传说，他已了解到书内阵图的奥妙，如果能有带头起事的人，大家就能得到富贵。杨易便说朱毛俚可以假托前明后裔，朱毛俚被邀入伙后，对自己能任首领也深信不疑。他们便一起到积善禅林商议造反事，取书内的俚语，称后明晏朝年号。胡秉耀等都被封以官职，对相继入伙的人，都许以官职。阮元任江西巡抚不久，便在各地方严密编查保甲，结果发现了胡秉耀等人准备造反，遂将胡秉耀一行人拿获。胡秉耀等十七人凌迟斩决，程麟祥等三十五人绞监候，朱毛俚拿获后处以极刑。此后，阮元又多次侦破江西境内的"会匪"起事案件，深得嘉庆皇帝的赏许，认为阮元到任未久，即整饬各地方，编查保甲严密，遂将钜案立时发觉，办理迅速，实属可嘉。阮元也因此赏加太子太保衔，并赏戴花翎。

第6章

两任总督护国威

阮元在担任巡抚期间的政绩和显露出来的干练吏才，深得嘉庆皇帝的宠信，不久任命他担任两广总督兼任广东巡抚，又转调云贵总督。可以说阮元一年三次升迁，官运亨通，他迎来了宦海生涯中的一个巅峰时期。这期间，他严禁鸦片、整顿广州的防务，正确处理了与周边邻国的关系，从而维护了国家的尊严。

严禁鸦片

广东、广西两省，在中国历史上被称为"岭南"，处于东南边陲地区。由于交通较为闭塞，政治、经济状况与直隶、江浙地区相差很大。随着西方资本主义思想传入中国，广东对外贸易一度得到发展，但是毒品鸦片也被带入中国。嘉庆时，西方各国的鸦片走私船、兵船仍然异常活跃，时常出没在广州港附近海面。嘉庆十八年（1813）七月初十，清政府规定：侍卫官员买食鸦片烟的，革职杖一百，加枷号两个月；军民人等杖一百，枷号一个月。对此，嘉庆皇帝颁发谕旨说：近来侍卫官员中，风闻有违禁买食鸦片的，因事未发觉，所以免其查究。这些人若不知悔改，将来一旦有人举发，就照新例惩办，决不宽贷。供役内廷的太监，也有买食鸦片的，情节更属可恶。总管内务府大臣要先通行晓谕，如有违禁故犯的，立行查拿，枷号两个月，发往黑龙江，给该处官员为奴。嘉庆帝还说：鸦片烟由外洋流入内地，蛊惑人心，戕害生命，祸害与鸩毒相同。奸商嗜利贩运，许多人受害，都是因为各处海关私纵偷运造成的。以前虽曾降旨，要各省海关监督等严行查禁，但是数年以来并未遏止，甚至有的海关还私征鸦片烟税银，这不是给那些贩运鸦片的人引路吗？无怪乎鸦片烟的流毒越来越广。今后，广东、福建、浙江、江苏等省沿海各关，如查有奸民私贩鸦片烟冒禁过关，一经拿获，将鸦片烟立时抛进海中，奸商按律治罪。如果管关监督等阳奉阴违，并私收税课，该省督抚要实力查参，把该监督先行革职，由驿具奏，从重惩治。各处辗转营贩鸦片烟的人，五城顺天府步军统领衙门，以及各省直督抚等，要一体严查，按律究办。因此，禁绝鸦片输入，又成为当时清廷迫在眉睫的重中之重。

在如此严峻的形势下，阮元于嘉庆二十二年被任命为两广总督。阮元深感此番远赴广州肩负的责任重大，禁烟成败关系到民族和国家的生死存亡。为了表明自己的坚定信念，他在书房内悬挂自书对联一副——"烟禁宜严，免得银荒兵弱；海防须紧，保障国泰民安"，以此砥砺自己禁绝鸦片的决心。因此阮元一抵达广州，刻不容缓，立即进行调查研究。首先，针对粗货夷船载运洋米发卖，不准其载货回国的情况，阮元认为"应将成例变通"，允许专运洋米贸船进港，进口时不予征税，粜出后可以装载货物出口，与其他商船享受同等待遇。这样既方便了外商来华贸易，为"民食开不匮之源"，也达到互惠互利的目的，而且也缓解了中外贸易长期处于对立的状况。

其次，阮元了解到，鸦片走私之所以屡禁不止，主要是内外勾结，官员营私舞弊。仅仅堵住外商还远远不够，铲除鸦片的隐患，严惩鸦片奸商，必须辅以雷霆手段，严厉打击涉烟案的"内鬼"，禁烟才能奏效。洋行买办直接参与对外贸易，如果他们能不徇私利，堵住鸦片走私才有希望。阮元查明了为首的"十三行总商"洋商伍敦元的犯罪事实，罢免了伍敦元的三品顶戴，缉拿鸦片走私要犯，重申严禁鸦片的决心，收到了很好的禁烟实效。然而，此时的清廷官场腐朽透顶，靠鸦片走私发"国难财"的大小官僚如过江之鲫，不计其数。在利益驱动下，他们胡作非为，暗中抵制禁烟。阮元纵有三头六臂，也无法招架错综复杂的禁烟阻力。阮元虽然未能彻底根除，但是在一定程度上有效地遏制了鸦片在中国的蔓延，终究还是取得了一定的成效。

整顿防务

为了彻底杜绝鸦片，防患于未然，阮元着手整顿广州的防务。他赴海口阅兵，登临沙角炮台，检阅水师，乘兵船视察零丁、鸡颈诸外洋，掌握外国商人与中国贸易的实际情况。同时为预防不测，又修建了大黄窖和大虎山两座炮台，并密奏朝廷："向设各处炮台，正为预防偷越之用。查英人惧强欺弱，其伎俩长于水短于陆，强于外洋弱于内洋，汪洋巨海之中，横行无忌，不值于与之相角。倘违例禁，驶进炮台地界，则以石台之炮，攻木板之船，使彼望而生怯，其势如鱼困辙，一人之力足以制彼数人。盖势强则彼不敢轻犯，理足则彼不敢借口。各国商船皆知彼犯我禁，非我轻启彼衅也。"在他任两广总督的十年内，由广州输入的鸦片数量没有猛增，而广州海防确实"固若金汤"，列强的战船始终不敢擅自闯入。

其实，早在调补两广总督前，阮元就曾出任过短暂的湖广总督一职。当时在江西担任乡试副考官的林则徐，曾经在西城拜谒这位前辈，两人就当时的时政、学术畅所欲言，林则徐后来在广州的禁烟举措，可以说也受到阮元的影响。

值得一提的是，阮元于道光六年（1826）调任云贵总督，扭转了那里长期存在的盐务之弊。云南、贵州两省，地处清代疆域的西南边陲，又是当时少数民族聚居的地方。由于远离清代政治中心北京，所以朝廷的很多政令到了那里，往往难以顺利执行，特别是盐政。清代的盐政，沿袭明代盐政的制度，在全国十一个地区设立了都转盐运使司，负责各地区的销额盐务。当时云南都转运司所辖盐井有二十六处之多，但是从乾隆末年以来，云南盐务弊端百出，官府催征无法落实，私盐侵占销路，阻碍了官盐的销售，需要缴纳的赋税尽入奸商私囊，百姓深受其害。

阮元到任后，立即着手整顿盐务，以旺补衰，以溢销之井代征抵补，并从中提成以充公费之用。同时，对那些利用销盐而中饱私囊的盐务人员严加惩处。这些措施收到一定成效，云南由原来的每年盐税亏损十余万，到每年全额上交税银二十六万一千六百多两。不仅偿还了以前的所欠盐税，而且还有余银万两，彻底扭转了云南盐务长年积弊的局面。

捍卫疆土

阮元在云贵总督任上，正确处理了与周边邻国的关系。道光十年（1830），阮元接到越南国王阮福皎提交的呈文，呈文中颇有借故启衅觊觎西南领土的企图，这引起了阮元的极大愤怒。早在嘉庆七年（1802），越南国王阮福映在法国人的帮助下，建立了越南最后一个君主专制王朝——阮朝，改年号为"嘉隆"，史称世祖。嘉庆八年，阮福映改安南为越南国，清政府命广西按察使齐布森出使越南，敕封阮福映为越南国王。这是"越南"作为国名的开始。阮福映死后，其子阮福皎即王位。道光元年（1821），清政府命广西按察使潘恭辰出使越南，敕封阮福皎为越南国王。然而阮氏性格桀骜不驯，表面接受敕封，背后往往借故生衅。对此，阮元曾密奏道光皇帝，建议时时防备，给予打击。阮元意识到大清国与越南国虽然边境毗连，但是两国的界限非常明确。如临安府下属建水县所管辖的猛梭、猛赖等六猛地区，早在一百多年前就已经进入清朝的版图了。所以他历数史实，照会越南国王，重申六猛所属之地是清代的领土，一再警告越方如果漠视清廷的最后通牒，必将出兵履行捍卫疆域的职责。道光皇帝也口谕"一切准行"，支持阮元的这一举措。越南国王自知理屈，从此不敢借故挑衅、轻举妄动了。

同时，阮元对邻国出现的政治动乱，始终坚守不干涉的准则。道光十三年（1833），越南国内发生动乱。当时越南黎维祁之族人黎维焕，先受封职被杀，黎维良、黎维然等与北胜土司郭必功、郭必在等邀结土民在清化地方起事，直趋兴化、富春。各处土夷煽惑，越南国调集大兵围捕，战火蔓延到开化沿边与越南水尾及都龙等处。阮元静观事态的发展，一方面积极做好应对措施，一方面做好准备随时打击因拒越南国官兵追捕而越过边境潜入清廷境内的叛军，严拒越方官军与叛军于境外。严饬沿边地方文武小心防范，严防汉奸乘间煽惑，如有夷匪及越南兵练追逐至境立即驱逐拦截，不准一名窜入，亦不准妄杀一人，如果地方官员为了邀功而妄杀，以致另滋事端，则以从重治罪。如有叩关请兵情事，即应正词拒绝。正是阮元这种坚决捍卫疆界、不干涉邻国内政的对外政策，在他任内，确保了西南边陲无战事，边民安居乐业。

第7章

官海沉浮撰国史

在中国古代社会，有一句俗话说，凡人一旦进入官场，就好比是到了战场，也是屠场。虽然你有"台上一呼，阶下百诺"的荣耀，但是官场处处是布满荆棘、陷阱的地方，伴君如伴虎，今天你是座上客，明天就有可能沦为囚下徒。作为封疆大吏的阮元，自然也未能幸免于难。

官场栽跟斗

嘉庆十一年（1806），阮元的父亲病逝，他由杭州启程回扬州，料理父亲丧事。三年的守丧期满后，阮元又回到北京，官复原职。不久，奉旨再度出任浙江巡抚，这在当时算得上是嘉庆皇帝对阮元的恩宠有加了。正当阮元希望回到浙江再造辉煌之际，一件意外的事情，使他在官场栽了跟斗，差一点断送了锦绣前程。

事情是这样的，嘉庆十四年恩科考试，当时担任浙江学政的刘凤诰代办监临时，有同乡盐库大吏严廷燮特来求见，目的是为仁和县廪生徐步鳌说情。徐步鳌曾经是刘凤诰前番生员中录取的高材生，嘉兴周士涟为办义学时，他与哥哥徐秋如慷慨解囊，捐出祖遗保安坊屋三十六间以为义塾校舍，为人称道。这次却因染病在身，担心自己不能坚持到考试结束，于是前来打通关节，希望由沈晋与徐步鳌联号。徐步鳌与沈晋是师生关系，由此可以互相照应，而且许诺事成之后还要以重酬报恩。刘凤诰作为学政又兼监临，他入场之后，违例将三场试卷印用联号，首先作弊。

刘凤诰（1760~1830），字丞牧，号金门，是萍乡市上栗县赤山乡石观泉村人，乾隆五十四年（1789）中一甲第三名进士（探花）后，授翰林院编修。乾隆五十六年升任翰林院侍读学士。其后历任国子监祭酒、太常寺卿、内阁学士、兵部右侍郎、户部右侍郎、吏部右侍郎等职。其间先后任过广西、山东、浙江等省的学政，充当过湖北、山东、江南等省的乡试正考官。乾隆皇帝很赏识他，称他为"江西大器"。

据传刘凤诰其貌不扬，而且一只眼睛已经失明，人称"独眼郎"。清代科举，一甲三名必由皇帝殿试钦点，以决甲第名次。刘凤诰于乾隆五十四年殿试，来到金銮殿上后，好奇心驱使他抬头窥视金殿四周，不巧被乾隆皇帝瞧见，看到刘的相貌后，十分鄙视。乾隆皇帝怒斥道："你看什么？嗯？"刘凤诰一听，诚惶诚恐地答道："臣想看殿上的字画。"乾隆皇帝说："哪些字画？"刘凤诰说："对联，皇上若不信，臣可以背诵出来。"乾隆皇帝一听，心想不妨让他背背，便说："你若能背出殿上的对联，便可免罪。"刘凤诰果然将殿上的对联一字不漏地全部背出来。乾隆皇帝思忖片刻，有意要考考刘凤诰，如果确实是才学卓著，就给他一个功名。于是乾隆看着刘凤诰的脸便出一联考他，上联是："独眼不登龙虎榜。"刘凤诰听了不假思索地答道："半月依旧照乾坤。"以"半月"对"独眼"，不仅工整，而且含义深刻，在场文武百官莫不惊服，啧啧称奇。乾隆也不禁暗暗嘉许。但是乾隆还是不太放心，还想再考一下刘凤诰。于是，又出了一联："东启明，西长庚，南箕北斗，朕乃摘星汉。"顷刻间，刘凤诰信口答道："春牡丹，夏芍药，秋菊冬梅，臣是探花郎。"答问对仗工整，韵律和谐。按才学，刘凤诰本该中状元，无奈此对意思本来就是专点探花的，"东西南北"非对"春夏秋冬"，"摘星汉"非对"探花郎"不可，于是，乾隆皇帝十分高兴，随即拿起御笔圈点了刘凤诰为探花，金榜题名。从此，刘凤诰声名鹊起，一时传为佳话。

刘凤诰在京为官，曾以侍读学士身份随乾隆皇帝出游泰山，登峰顶，览群山，见气势迥然，甚是欢欣，随即在峰顶寺庙憩息。寺中方丈借此千载难逢的良机，命小沙弥抬进巨匾，请求御书，以增荣耀。乾隆皇帝素负文墨，游览各地都喜欢题诗书墨以留御迹。见方丈求书，心中窃喜。然而面对硕大巨匾，文思滞塞，吟哦再三，终无从下笔，一时浑身发热，极不自在。忽见刘凤诰随侍左侧，便灵机一动，以笔在手掌上虚划数笔，伸掌以询刘凤诰道："卿以为可以吗?"刘凤诰见乾隆掌中空空如也，知乾隆希望自己代劳，又不肯出声相求，便频频颔首，口中假装吟诵："一览无余，尽善尽美。"乾隆一听这八个字，甚有帝王气魄，默默会意，兴致勃勃地挥毫即书。不料，一开手将"一览无余"的"一"字提高了半格，如果再写下去，字的布局排列甚不美观。他急速停了笔，手不禁汗出涔涔。刘凤诰见此情景，也很焦急，忙思补救办法。正思索间，猛见乾隆的手又伸过来说："书此，何如？"刘凤诰心知乾隆皇帝故伎重演，赶忙凑上前去，装作认真地品味了一番，说道："而小天下，更美更善。"乾隆这一下可放心了，按刘凤诰所言，一气呵成。至今，泰山顶上的寺庙里便是挂着这块"而小天下，更美更善"的横匾。如今山东省济南市大明湖大门的楹柱还留有刘凤诰书写的一副"四面荷花三面柳，一城山色半城湖"的楹联。

阮元与刘凤诰为同科进士，而且两人都是少年便跃登龙门，交谊颇深。当时刘凤诰正担任浙江学政，而阮元也恰值再度出任浙江巡抚，两人同在一地做官，关系自然比一般人更为亲密。然而俗话说得好，若要人不知，除非己莫为。刘凤诰联号作弊一事，在考试结束后，消息传出，流言四起，在民间流传有"监临打监军，小题大做；文宗代文字，矮屋长枪"的对联。这一科场丑闻，不仅在浙江士人中引起了轩然大波，而且震动了朝廷内外。御史张言即上奏朝廷弹劾刘凤诰，于是朝廷派钦差前来浙江调查此事，当时身为巡抚的阮元不但不举报，配合朝廷进行调查，反而采取了"大事化小，小事化了"的态度，时时为刘凤诰遮掩。嘉庆皇帝闻讯后，龙颜大怒，以"袒庇同年"罪将阮元革职，押解北京候审。

由于阮元本人未曾直接参与刘凤诰的科场作弊，而且此事本身与阮元没有什么纠葛，阮元也确实不知详情。他所犯的罪尚不属知情不报的问题，但是作为一省的行政长官，在刘凤诰科场舞弊事件中，阮元自有其不可推卸的责任。嘉庆皇帝看在他担任浙江巡抚期间做官的名声还不错，就将他降职为翰林院编修，在文颖馆行走，阮元又退回到了当年做官的起点。然而由于嘉庆皇帝的裁定，阮元也终于在他的宦海生涯中躲过一劫。

清代《儒林》

阮元重新回到翰林院时，正逢当时担任清廷国史馆总编辑的陈寿祺离职回家守丧，阮元便自荐接任了陈寿祺的职务。他到任后，了解到当时国史馆正在编写国史，其中《儒林》《文苑》《循吏》《贤良》等传，都因为清廷内档缺乏相关资料，所以迟迟没有专门负责的人编写，于是他立即提议先编写《儒林》和《文苑》二传。

《儒林》与《文苑》，是中国古代正史书中反映学术文化的专题论述。《儒林》偏重于学术的传承，专门记载儒家代表人物的学术活动和儒家经典的传授过程。《文苑》则概述一代文学的特性。自从汉代司马迁在《史记》中首创了《儒林列传》后，班固编写的《汉书》也沿用了它，晋代范晔编写的《后汉书》又增加了《文苑列传》，此后历代史书编写都仿效沿用，直至清代一直没有改变，成为修史的惯例。又因为其中《儒林传》的学术价值高于《文苑传》，所以阮元首先着手编写《儒林传》。

阮元为了拟定和完善编写《儒林传》的体例，曾经向各地师友、门生如焦循、臧庸、朱锡庚、陈寿祺、张鉴等人广泛征求编写意见，希望他们提供编写体例和有关文献资料。如一生勤于考古的臧庸，在接到阮元的函札后，不仅为他搜集了孙奇逢、汤斌等清初学者的著作，而且还向阮元推荐卢文弨、王鸣盛、钱大昕、江声、钱学原、刘台拱、凌廷堪、汪中、邵晋涵、任大椿、孔广森等已经去世的著名学者入选《儒林传》。陈寿祺则受阮元委托，在福建採掇"闽中人物"。阮元的弟子张鉴，建议老师编写《儒林传》不区分道学与儒学的界限，强调义理、考据、名物之学兼顾，而且还指出天算、地理、经学等都应包括在内。在这些师友中，尤其是焦循，他在接到阮元的咨询后，还特意写作了《国史儒林文苑传议》一文，为阮元策划了编写《儒林传》的体例，成为阮元编写《儒林传》的指南。

《儒林传》的编写，采用传记体，共四卷，每卷分正传和附传两部分，记录了清代前中期一百十余位学者的主要学术特点与学术成果。它的编写方法，不再以儒学、经学分别门类，也不以汉学与宋学区别门户，而是采取汉宋兼采的双重标准，汉学家与宋学家的比重大致相当。列入汉学家正传的有二十三位，列入宋学家的二十一位。卷首《拟国史儒林传序》先讲述了中国儒学与经学、宋学与儒学的关系及其历史概貌，然后重点分析清代自顺治至嘉庆的"经儒"与"师儒"的区别，类似全书总序。正是在这样的思想指导下，阮元为《儒林传》拟定了如下目录。

第一卷：顾栋高、陈祖范、吴鼎、梁锡玙、孙奇逢、魏一鳌、耿介、李颙、王心敬、李因笃、黄宗羲、黄宗炎、王夫之、陈大章、刘梦鹏、高愈、顾枢、刁苞、彭定求、谢文洊、彭任、顾炎武、张弨、吴任臣。

第二卷：胡渭、顾祖禹、惠周惕、惠士奇、惠栋、江声、阎若璩、李恺、毛奇龄、陆邦烈、应撝谦、陆世仪、沈昀、张履祥、沈国模、严衍、万斯大、万斯同、万斯选、潘天成、颜元、曹本荣、李塨、梅文鼎、王锡阐、谈泰。

第三卷：薛凤祚、陈厚耀、王懋竑、张尔岐、马骕、桂馥、钱澄之、方中通、沈彤、蔡德晋、盛世祖、朱鹤龄、陈启源、臧琳、臧庸、刘源渌、阎循观、范镐鼎、邵廷采、邵晋涵、周永年、徐文靖、任启运、李光坡、李钟伦、全祖望、江永、汪绂、金榜、朱筠。

第四卷：钱大昕、钱塘、王鸣盛、戴震、凌廷堪、卢文弨、孙志祖、丁杰、武亿、任大椿、李惇，刘台拱、汪中、孔广森、张惠言、孔兴燮、孔毓圻、孔传铎、孔广棨、孔昭焕、孔宪培、孔继涵、颜光猷等。

从上述各卷所列学者的名单来看，基本上阮元对清代前中期学术的源流、演变作了综合性的考察，提供了一份类似清代前中期学术成果的清单。

其中有三个特点：一是阮元摆脱了乾嘉以来汉学与宋学之间的长期争论，而采取了汉宋兼顾的学格态度。二是淡化了经学研究重视考据、轻视义理价值的学术倾向。三是总结了清初至乾嘉百余年间汉学与宋学各自走向极端的发展过程，重新发现与评价了被忽视而处于学术研究边缘的宋学和今文经学的学术价值，尝试在肯定汉学研究正当性的同时，将宋学与今文经学纳入汉学研究范围，既回应了当时学术界喋喋不休的汉宋之争的喧嚣，又延续了汉学的生命力。它不再是对传主原有学术思想资料的简单复述与裁剪，而是赋予新的时代内容，为清代学术研究跳出汉宋窠臼提供了新经验，从而体现了学术变动的新趋势，正如阮元自己所说的"学术盛衰，当于百年前后论升降焉"。

由于各种原因，阮元调任后，他所编写的《儒林传》最后未能出版，后来清史馆在编写《儒林传》时，在阮稿的基础上又作了新的调整，这引起了很大争议。比如阮稿将汪中列入《儒林》，但是后来负责编写《儒林传》的人则将他改入《文苑》。汪中是阮元的同乡前辈，汪中七岁那年父亲死了，家里穷得揭不开锅，于是就辍学了。汪中虽然没钱进入学堂，但他喜欢学堂，他常常到学堂里去玩。在学堂里读书的人，对老师布置的作业常常偷懒不做，他们就请汪中代劳，而汪中给他们所做的文章，每每得到老师的大加赞赏。汪中长大以后，他还是爱去学堂。当时扬州有个安定书院，每来一个新的教授，汪中腋窝下面夹着经史子集，前往书院，一去就提出疑难问题"请校长回答"，校长哪里有他读书读得多呢？常常回答不出，闹了个大红脸，夹住尾巴赶紧走人。有位名叫沈志祖的人，学富五车，被汪中问得张口结舌，加上年老体弱，一口气喘不过，不久就病死了，都说他是汪中给气死的。尤其汪中能不囿时俗，讽喻权贵，对封建礼教和传统思想敢于立异说，标新论，因此被当时人视为狂徒。对父亲汪中被改入《文苑》一事，汪中的儿子汪喜孙非常不满，写信给王念孙，希望他写信给阮元，由阮元出面予以纠正。

又如当时被史馆删除的还有常州著名学者张惠言，他是当时最为著名的《周易》专家。据张惠言弟张琦说，其兄未被收入《儒林传》的消息甫出，就引起当时学术界的大哗，认为这是某一尚书为了私情而有意识的个人行为，于是学者愤愤不平，奔走相告，纷纷赶往该尚书家，在他的府第门前进行谩骂的场景。

其实，阮元编写《儒林传》，正值他的"不惑"之年。在那以前，他在学术界已负盛名。但造就他盛名的并非《儒林传》，而是被认作具有汉学功力的《经籍籑诂》和《十三经注疏校勘记》等。随着《儒林传》为后来《清史稿·儒林传》的编写所资取和江藩《汉学师承记》的一路走红及其引发的争议，《儒林传》逐渐失去了基本读者，以至以后陆续出版的各种学术史著作都很少提及，《儒林传》注定成为绝响。然而《儒林传》作为研究清代学术的基本史料没有被学人忘却，并在学术界仍产生了持续性的影响。

第8章

编书刻书传儒学

　　自从乾隆二十五年阮元刊刻了他的成名作《考工记车制图解》二卷后，他对编书、校书、刻书、整理中华民族的优秀文化情有独钟，退休后更是乐此不疲。这些成为他一生中文化生活中的主旋律，同时他给世人提供了诸如《经籍籑诂》《畴人传》《十三经注疏校勘记》《皇清经解》等一系列文化大餐。

汇总古训

　　明清时期，浙江本来就是人文荟萃的地方，公家藏书与私人藏书的数量在全国排名第一位。比如杭州西湖孤山圣因寺内藏有《四库全书》，位于宁波月湖西侧的天一街有被誉为"江南书城"的天一阁藏书楼，楼内藏有《古今图书集成》。又比如嘉兴曹溶的"静惕堂"、朱彝尊的"曝书亭"，余姚黄宗羲的"续钞堂"，杭州鲍廷博的"知不足斋"、汪启淑的"开万堂"、孙氏"寿松堂"、汪宪的"振绮堂"等。特别是吴焯、吴城父子的"瓶花斋"，斋内藏有世上很少流传的宋代与元代的刻本，他与同乡小山堂赵氏友好，每得一书，彼此抄存。所传抄秘籍，书的版心印有"瓶花斋"字样，为当时学者所宝。如瓶花斋原收藏了宋人所刻唐人许浑的《丁卯集》，当时为人豪夺而去。二十年后，吴城竟在北京城东书肆中，无意间遇见此书，检阅书册，竟见他父亲吴焯的藏书章宛然简端，不禁狂喜，即以高价买下。回家后，邀请当时名流歌咏以纪其事，吴城又自作诗三首，其中有句云："纵横私印犹完好，故物归来信宿缘。"瓶花斋的藏书还得到乾隆的表彰与亲笔题诗，这对当时的藏书家来说，算是十分荣光的事。

不过，这些公家或私人所收藏的古代各种文献，经常会遇到一些当时已经不用的词汇，或在当时看来已失去本来意义的词汇，这给读者造成很大的阅读障碍。对此，阮元决定在担任浙江学政期间内，利用浙江得天独厚的条件，编纂一部汇总古代专门解释字义的工具书——《经籍籑诂》。

在中国古代，专门解释字义与词义的书，其中影响最大、流传最广的有两种：一是《说文解字》，二是《尔雅》。《说文解字》，简称《说文》，是东汉学者许慎编写的，传至今日的大多是宋朝刊刻的版本，或是清朝段玉裁的注释本。原文以小篆书写，逐字解释字体来源，全书共分五百四十部首，收字九千三百五十三个，另有"重文"即异体字一千一百六十三个，共一万零五百一十六字。《尔雅》是中国最早的一部解释词义的书，是中国古代的词典。《尔雅》也是儒家的经典之一，列入十三经之中。其中"尔"是"近正"的意思，"雅"是"雅言"，是某一时代官方规定的规范语言，"尔雅"就是使语言接近于官方规定的语言。编写《尔雅》的作者历来说法不一。有的认为是孔子门人所作；有的认为是周公所作，经过后来的人增补而成；现在的学者都认为是秦汉时期的人所作，经过代代相传，各有修订，在西汉时被整理加工而成为专书。

《说文解字》和《尔雅》保存了大量的对古代词汇进行解释的文字，其中以汉代人所作的解释价值较高。清代雍正、乾隆以后，汉学逐渐兴起。读书人一般都非常重视汉人对古代文字的解释，所以特别重视这两部书。如段玉裁就著有《说文解字注》，在当时被称为"段注"，影响很大。而清人邵晋涵的《尔雅正义》、郝懿行的《尔雅义疏》这两部书也是研究《尔雅》的名著。不过，古代文献中旧的注释及《说文》《尔雅》等书对字义的解释，并不完全集中在某一两部专门的字书中，而往往分散在《诗经》《仪礼》《国语》《汉书》《文选》等各类古书中。这样，为了要查找一个字的古今意义，常常要花费很大的精力，这远远不能适应当时学术发展的需要。于是在乾隆年间，就出现了要求将古籍的汉唐旧注及《说文》《尔雅》等小学书中的词汇古义汇集在一起编一部大书，供学者参考应用的呼声。如当时的戴震在四库全书馆参与编写《四库全书》时，就曾经提出过将传世的古书中解释字语、字义汇编成一部书的设想。乾隆三十六年，当时在学术界很有声望的朱筠出任安徽学政。他到任后，即提倡研究经学，打算模仿西汉学者扬雄的《训纂》而编写一部《籑诂》，但是最后没有编成。阮元在北京内廷时，也曾经与孙星衍、朱少白、马宗琏等学者"相约分纂，钞撮群经，未及半而中辍"。可见，阮元在二十七岁前后即已立志编纂《经籍籑诂》了。

那么阮元为什么"未及半而中辍"呢？其中部分原因是当时他正奉诏担任石经校勘官，正在利用朝内廷所藏"天禄琳琅"所收的各种宋代与元代的刻本重新校定《仪礼》一书。在他完成《仪礼》的校勘工作后不久，即奉命出任山东学政，又忙于编写《山左金石志》，所以编纂《经籍籑诂》事宜一拖再拖，始终未能兑现。然而正是在校勘《仪礼》和编写《山左金石志》的过程中，阮元深感编纂一部帮助阅读经典的字书的重要性和紧迫性，于是下决心编纂一部解释古字义的专书。

嘉庆二年（1797）正月二十二日，阮元分别挑选了仁和赵坦、孙同元、宋咸熙、金廷桐、赵春沂、诸嘉乐，钱塘吴文健、梁祖恩、严杰、吴克勤、陆尧春、潘学敏，海宁陈鳣、倪绶，嘉兴丁子复，嘉善孙凤起，平湖朱为弼，海盐吴东发，乌程周中孚、张鉴，归安丁绶经、丁传经、邵保初、杨凤苞，山阴何兰汀，会稽顾廷纶、刘九华，萧山徐鲲、王端履、陶定山、傅学灏、黄严、施彬，临海洪颐煊、洪震煊、沈阿斗，开化张立本进行编纂，收掌则仁和汤燧、宋咸熙，总校则歙县方起谦、钱塘何元锡等浙江三十多名专门从事经学研究的学者到崇文书院，分别编写《经籍籑诂》，历经三年，于嘉庆四年成书。

《经籍籑诂》的编写方法，主要是将散见于唐朝以前经传中浩如烟海的训诂资料汇集起来，对经传原文的训诂、传注的训诂、正文代字之训诂，全部收入其中。全书以字为经，以韵为纬，收录了汉朝至唐朝解释儒家经典的书八十六种。全书按《佩文韵府》的体例，分韵各为一卷。如《佩义韵府》未收之字，即据宋人陈彭年的《广韵》和丁度的《集韵》补录。每字之下，首列本义，次列引之义、辗转相训之义，名物、象数、通假、异体列于最后。引用诸经，仿陆德明《经典释文》之列，先《易》《书》《诗》，次《周礼》《仪礼》《礼记》，次《左传》《公羊》《穀梁》，次《孝经》《论语》《孟子》等，旁及多种古代子、史、集部典籍的文字训诂资料，每卷之末各附遗。如"公"字条目就有：

1. 公，共也。《荀子·解蔽》"此心术之公患也"注。

2. 公，犹共也，《礼记·礼运》"天下为公"注。

3. 公者，通也。《白虎·通爵》。

4. 公，广也。《释名·释言语》。

5. 公，详也。《淮南·原道》"此俗世庸民之所公见也"注。

6. 公，平也。《淮南·修务》"何可以公论乎"注。

7. 公，正也。《吕览·贵公》"老聃则至公矣"注。

8. 公，功也。《诗·六月》"以奏肤公"传。

9. 公，国君也。《仪礼·既夕礼》"公赗元纁束"注。

10. 公，无私也。《大戴礼记·子张问入官》"大城而公治之"注。

全书采用古书达一百多种，收字一万三千三百四十九字。参加编写《经籍籑诂》的人都是当时学有专长的学者，如主持定稿的臧庸精于训诂、校勘、辑佚之学，负责辑录刘熙《释名》及《小尔雅》的洪颐煊，负责辑录《孟子》、贾谊《新书》、扬雄《太玄》《法言》的周中孚，在当时也都各有成就。在分工上，也比较注意发挥每个人的专长。如精于钟鼎彝器之学的朱为弼负责辑录与《尚书》有关的注疏，负责《史记》三家注的杨凤苞对注史之法有过较深入的研究。这样，就使《经籍籑诂》达到了相当高的学术水平。

当然，《经籍籑诂》和任何一部工具书一样，也有它的不足之处，最明显的是莫过于该书在录原始资料时，未能完全复核原书，差错在所难免。恐怕这与当时急于成书，编写人员众多，时间较短不无关系。如《经籍籑诂》只是资料的结集，而缺乏对义项的归纳。比如上引"公"字项下即引有一百零六种解释，如再加上补遗的五十九条，共引有一百六十五条解释。其中有些内容事实上是一致的，但分列为好几条，使人感到烦琐。其次，有些古代文献在《经籍籑诂》成书时尚未发现，所以《经籍籑诂》未能征引。比如唐代慧琳的《一切经音义》、辽代希麟的《续一切经音义》等，国内早已不见，光绪初才由日本重新传入中国，该书所引的古代训诂文字，《经籍籑诂》全部缺漏。尽管如此，《经籍籑诂》编写成后，方便了读者，也得到学者高度评价。

畴人立传

就是在编写《经籍籑诂》的同时，阮元还组织编写了一部反映中外历代著名自然科学家的个人传记，即《畴人传》。"畴人"一词的意思有多种解释，通常依据《史记》的说法。《史记》认为中国古代天文学家和数学家多是师承家学，所以称之为畴人。在阮元之前，在中国历史上还没有一部系统介绍中国天文、历法、算学学家方面的专门书籍。乾嘉时期，很多学者有感于宋明理学的空谈性命而转向研究中国的传统经学，但是研究传统经学，就不可避免地会遇到涉及自然科学方面的一些内容，很多学者因为不具备这方面的知识，所以学问做得不深。特别是戴震通过对古代算学的研究，成功地解决了经学上的一些长年未能解决的悬案，引起了学者学习自然科学的兴趣。同时，在如何理解当时流行的西方自然科学尤其是数学争议很大。因此对中国历史上的畴人作一番总结，既是时代提出的课题，也是阮元的自觉追求。

《畴人传》编写的体例，类似"学案体"。全书四十六卷，收入自黄帝至清代的中国自然科学家二百四十三人，外国自然科学家三十七人，共计二百八十位自然科学家的传记。其中又可分为数学、天文历算、历法研究、地理学、技术工艺等类。每类传主，首叙生平简历，次述其学术特征，后录编者评价，可以说是纲举目张，条理清晰。由于参加编写该书的人员都是比较了解中国古代算学史的学者，同时又精通传统经学，治学态度较为严谨。凡所辑录学者的主要观点，都一一注明出处；凡以星象占验吉凶，或涉及荒诞者概不收录。在材料的选择方面，注意宏观与微观的结合，其叙述既照顾到传主的天文历算成就，也注意反映自己的学术观点。同时，为了全面反映世界各国古今在天文历算领域中的研究情况，除了重点介绍清代的天算学家，还对古代和外国天算学家作了比较系统的介绍。如对把西方历算学介绍到中国来的利玛窦、汤若望、熊三拔等人也一一予以介绍和评说。综观全书，主要有以下几点特色：

首先，《畴人传》作为中国第一部科学史专门著作，是对中国的天文历算学进行的一次大总结，也是对乾嘉学术从科学的层面给予的新总结，从一个侧面凸显了阮元在当时的学术地位。梁启超曾对中国古代的史书大加鞭挞，认为史书是一种腊人院所塑造的偶像，毫无生气，读了之后伤神劳筋，消耗人的才智，而对《畴人传》予以充分的肯定，指出该书是"详述历代天算学渊源流别"的佳作。

其次，《畴人传》比较集中地体现了阮元对中国科学技术落后的部分原因的探讨与分析。他认为中国的科学技术有着辉煌的历史，一直领先于世界各国，但是从明代开始落后于西方，其中的原因在于中国传统思维形式落后，在于神秘、空谈、不务实学，这样的一种分析也比较接近事实。自此以后，学术界迅速掀起了一股复兴古代天文算学的热潮，从而推动了中国科学技术的发展。

再次，《畴人传》为西方科学家列传，显示出阮元有比较开阔的学术视野。其中较为精彩的是评论部分。如他提出了西学渊源于中学的著名观点，虽然与事实不完全相符，但是他通过肯定中国科学在历史上的成就，树立超越西方科学的自立自强的精神，可以说是晚清提出"中学为体、西学为用"说的前奏，也应该加以肯定。

《畴人传》一书自从刊出后，就在社会上产生了很大的影响，在近百年中（1799～1898），竟然有三次续补。第一次，由罗士琳续补，搜集了阮元当时未能采集到的材料，增补了宋、金、元、明、清代的杨晖、元好问、蒋周、朱世杰、赵城、明安图、陈际新、张肱、孔广森、博启、许如兰、陈懋龄、钱大昕、凌廷堪、李潢、程瑶田等二十五人，题书名《续畴人传》于道光二十年刊行。第二次，由诸可宝又编写了七卷本《畴人传三编》，增补了从清初到罗士琳《续畴人传》以前已故的天算学者，计一百二十八人，刊行于光绪十二年（1886）。第三次，即光绪二十四年（1898），湖南澧州人黄钟骏父子为补前三编的遗漏，作《畴人传四编》，共十二卷，增补各朝畴人和西方畴人达四百三十五人之多。这样，由阮元开其端，后经不断地增补完善，一部以中国科学家为主体的科技史专著就初步形成了。

重校经典

乾隆五十七年，阮元原配夫人江氏和女儿在京城相继病故。乾隆五十九年，阮元在山东担任学政。当时镇江籍毕沅巡抚山东，毕氏是阮元的词馆前辈，而且与阮元父亲交情很深。次年，阮元父亲携眷由山东济宁回扬州，途经曲阜时与毕沅相会，经阮元父亲做媒，以毕沅女儿配孔府衍圣公孔庆镕。同时毕沅又做媒为阮元聘孔璐华为继室。孔璐华是山东曲阜孔子七十三代长孙女，衍圣公孔昭焕之孙女，诰封衍圣公孔宪增之长女，衍圣公孔庆镕之姐，可谓"名门之后"。毕、阮两家同日缔姻孔氏，同结秦晋，这可是当时孔府喜庆大事，阮元与孔府的这段佳话，至今仍为人津津乐道。

嘉庆元年（1796）四月，阮元出任浙江学政时，在杭州迎娶孔璐华，阮元成了孔府的东床快婿。孔府原藏有很多古书，其中最为珍贵的是当时流传稀少的宋朝时所刊刻的十行本"十一经"。该套书曾经由当时最著名的校勘学家卢文弨多次校勘，每页的上下四周，朱墨交错，墨香诱人。阮元得此宝书之后，欣喜若狂，决定以它作为蓝本，于嘉庆六年（1801），他约请了苏州李锐及顾广圻、德清徐养源、武进臧庸、临海洪震煊、钱塘严杰、仁和孙同元等七位学者，重新校勘《十三经注疏》。

所谓"十三经"，是指《周易》《诗经》《尚书》《周礼》《礼记》《仪礼》《公羊传》《穀梁传》《左传》《孝经》《论语》《尔雅》《孟子》等十三部儒家经书。由于这十三部儒家经书年代久远，后人为了读懂它们，纷纷为之作梳理和注解，于是便有了《十三经注疏》。《十三经注疏》原来有多种版本，宋代以前，传世的一般都是经、疏各自独立的单行本。宋绍熙年间，开始有三山黄唐合刊本，以后又有建本附释音、注疏的十行本。明代嘉靖中有据此十行本重刊行世的闽本，万历间又有据闽本重刻的监本，崇祯中有据监本重刊的常熟毛氏汲古阁本。由于上述各种版本的《十三经注疏》被后人不断辗转翻刻，其中错讹极多。因此，要对人们已使用习惯了的各种《十三经注疏》版本重作校勘，就不像编写汇总古训的《经籍纂诂》那样，以汇辑古人提供的资料排比成书，而必须作一番广征各类善本、剖析源流、罗列异同、考订正伪，确定取舍的工作，这个工作，就是为这十三部经书重新作校勘记。

《十三经注疏校勘记》仿照唐代陆德明《经典释文》所要

求的"凡汉晋以来各本之异同，师承之源委，莫不兼收并载。凡以前诸经旧本，赖以不坠"之例，以宋代十行本为底本，以唐石经和宋代其他各种版本为校本，详加校勘。如顾广圻负责校勘的《毛诗》，就参考了唐石经、南宋石经残本、孟蜀石经残本、宋代小字本、重刊相台岳氏本、宋代十行本、闽本、明监本及汲古阁本等数十种之多。除此之外，还吸收了前人的校勘成果，如日本山井鼎的《考文毛诗》、陆德明的《毛诗音义》、浦镗的《毛诗注疏正误》、陈启源的《毛诗稽古编》、惠栋的《毛诗古义》、戴震的《毛诗郑考》、段玉裁的《校定毛传》和《诗经小学》等等。最后在顾广圻校勘的基础上，阮元又考证异同，鉴别正伪，亲自审定。其他各经的校勘，大致一如顾广圻所校《毛诗》一般。可以说，《十三经注疏校勘记》是一部集目录学、版本学与校勘学的集大成著作。对此，阮元自誉为"大清朝之《经典释文》"，而晚清今文经学家皮锡瑞则称之为"经学之渊海"，可见此书的学术史价值已远远超越了《十三经注疏》本身。

再刊经典

嘉庆十九年（1814），阮元调任江西巡抚，在短短不到两年的巡抚任上，他仍然热心于学术活动。如修建江西贡院号舍、申严科场禁例，使江西乡试科场风气为之一变。阮元又重修汤显祖的玉茗堂，纪念这位著名的明代戏剧家所作出的贡献。"玉茗堂"原是汤显祖书斋的名称，汤显祖是江西临川人，编写了《紫钗记》、《还魂记》(《牡丹亭》)、《南柯记》、《邯郸记》等四部描写梦境情节的、脍炙人口的传奇，其中以《牡丹亭》的成就最高，世称"玉茗堂四梦"，或"临川四梦"。当然，阮元在赣期间的一系列文化学术活动，其中影响最大的莫过于刊刻《十三经注疏附校勘记》。

由于他在之前任浙江学政与巡抚时，曾先后主持编纂了《经籍籑诂》《畴人传》《十三经注疏校勘记》等大型学术著作，一时声名大振，被海内学者奉为泰斗，成为学术界的领军人物。这时，江西盐运道胡稷、贡生卢宣旬及前给事中黄中杰等人在读了阮元领衔编写的《十三经注疏校勘记》之后，很受启发，认为阮本可以纠正当时在民间广泛流行的毛本《十三经注疏》（明崇祯年间由常熟毛晋汲古阁刊刻的《十三经注疏》）的许多错误，同时又了解到阮元家藏有宋版的十三经珍本，因此建议阮元重新刊刻宋本《十三经注疏》，以解学者寻觅版本之苦。阮元欣然答应，便委托胡稷与卢宣旬主持，具体刊刻工作由卢宣旬负责。赞助者有南昌知府张敦仁和九江、广信二府知府，南昌、新建、波阳、浮梁、广丰、会昌等县知县及一些绅士。

这次刊刻《周易》《尚书》《毛诗》《周礼》《礼记》《左传》《公羊传》《穀梁传》《论语》《孝经》《孟子》等十一经，一律选用阮元家藏南宋十行字本重刻；《仪礼》《尔雅》则借用苏州校勘家黄丕烈所藏北宋单疏本。刊刻工作历时十九个月，至嘉庆二十一年（1816）八月竣工，共计四百一十六卷，取名为《重刊宋本十三经注疏附校勘记》。由于这次刊刻主要是重印宋本，为了尽可能保持宋版的原貌，"虽明知宋版之误字，亦不使轻改，但加圈于误字之旁，而别据校勘记择其说附载于每卷之末"，而"校"的工作主要体现在附录的校勘记中。这部巨著甫出，便得到了一致的好评，被誉为"诚江西之盛事，嘉惠士林之意也"。晚清张之洞不仅将该书列入为人提供读书门径的《书目答问》中，而且认为"最于学者有益，凡有关校勘处有一圈，依圈检之，精妙全在于此"，这也代表了后人对该书的总体评价。

不过，就在《十三经注疏附校勘记》行将刻校完竣之际，阮元奉命移节河南，出任河南巡抚，临行委托卢宣旬为执行主编。由于此书原来是由各地士绅分别校勘的，加上他们又急切地希望早日付梓问世，所以未能进行仔细校对，疏漏时有发生。而担当责任主编的卢宣旬，他的学术水平不高，经学根底不深，所以取舍尚不尽善。书虽按时刊出，但是阮元仍然十分不满意，认为不能列入善本之例。虽然，《十三经注疏附校勘记》有种种不足之处，但是作为企图重新恢复宋朝的经典原貌的作品，在当时仍有它特定的历史价值和学术价值。

儒家的经书，在悠久的中华文明进程中，作为中华民族传统经典在中国文化、中国历史和每个中国人精神世界中所占的地位，是无法替代、不容争议的。其维系和发展多民族团结进步的潜在能量，更不可忽视或抹杀。阮元再刊经典之举，有他的特殊贡献。

荟萃精华

阮元主持编定、校勘与刊刻的《经籍籑诂》《畴人传》《十三经注疏校勘记》和《十三经注疏附校勘记》等虽然是中国古老、完整、可靠，也是重要的文献，但是它们都不能完整反映一个朝代的学术风貌。为了荟萃清朝一代的学术精华，阮元约请门人严杰、夏修恕等主持编辑、刊刻《皇清经解》，一名《学海堂经解》，简称《清经解》。

早在康熙时期，纳兰性德曾就经汇辑宋元以来解经之书，刊刻了《通志堂经解》一书，一名《九经解》。纳兰性德（1655~1685），为武英殿大学士明珠长子，原名成德，字容若，号楞伽山人，清初著名词人。祖先为蒙古土默特氏，征服满洲那拉氏，改姓"纳兰"，化入女真部族，后为满洲正黄旗。他从小聪颖，读书过目即能成诵，又继承满人习武传统，精于骑射。他与朱彝尊、陈维崧、顾贞观、姜宸英、严绳孙等清初汉族名士交游，从一定程度上为清初朝廷笼络住了一批汉族知识分子，《通志堂经解》一书是他的代表作。但是该书的编写者虽然署名纳兰性德，历来学者都认为实际的编写者为徐乾学。如姚元之有明确说："《通志堂经解》，纳兰成德容若校刊，实则昆山徐健庵家刻本也。"不过，徐乾学编写此书之说也不确切，他主要依靠其幕宾顾湄而成。此书刊成于康熙十四年（1675），收书一百三十八种，多为宋元时期理学家解说经典的作品。该书的特点是虽然"搜罗宏富，而不尽精粹"，但是

"多数罕传之籍，得以其巨力以行世。"然而遗憾的是，清初以来的一些重要的解经著作未能总汇成书。嘉庆二十三年，阮元编写《畴人传》《十三经经郛》《十三经注疏校勘记》后，便与许乃济、刘彬华、谢兰生、张维屏、江藩等学者酝酿编写一部"聚本朝解经之书，以继《十三经注疏》之迹"的大书。由于当时众人对编写此书的意见未能达成一致，加上阮元因政事繁忙，无暇他顾，而且他认定有资格领衔主持此事的海内学友中，也仅有江藩和顾广圻等少数几个人，所以一时尚未定议。不久，好友江藩离开了广州，而顾广圻为了帮助吴山尊整理孙星衍遗稿也去了扬州。至于曾为阮元所信赖的陈寿祺，这时已退居故里，臧庸、洪震煊等老朋友都已相继谢世，所以此事便被搁置，始终未能如愿。

道光五年（1825），阮元想起了在浙江曾经协助他编写《经籍籑诂》《十三经注疏》的严杰。严杰（1763～1843），字厚民，号鸥盟，浙江钱塘人，阮元的学生，曾被邀请担任阮家的家庭教师，负责儿子阮安、阮福和女婿张熙的学习情况。阮元对严杰十分信任，称他为"严子精校雠，馆我日最长，校经校《文选》，十目始一行。"于是阮元决定聘请严杰来粤主编《皇清经解》。当时由吴兰修、何其杰、孙成彦负责覆校，阮福总理收发书籍出入、催督刻工等事，学海堂诸生充任校对，刻资由江西临川人李秉绶、李秉文资助。道光六年，阮元转调云贵总督，而《皇清经解》经过一年的刊刻，成书已达千卷。临行，阮元将刻书一事全权委托夏修恕，严杰仍任主编。道光九年，《皇清经解》刻成，共计一千四百卷，收书一百八十三种，作者七十四家。由于《皇清经解》刊刻较为匆忙，又成于众人之手，因此讹误脱漏，随处可见。仅《拜经日记》就脱去一页。今点石斋石印本后附有《正讹记》一卷，可勘误的内容达四千条之多。不过，《皇清经解》作为清代全盛时期的经学研究成果，一直被誉为"汉学之钜观，经生之鸿宝"，为我们今天研究清代的学术思想提供了可靠、翔实的文本依据，把经学研究推向了一个新的高度。

《皇清经解》刊刻后，可谓命运多舛。咸丰七年（1857）七月，英军攻入广州，炮击文澜阁，所藏书版为兵燹所毁坏，虽经多方搜求，原藏已缺过半。咸丰十年，继任两广总督的劳崇光，自捐白银二千一百两，并请当地官绅捐资补刻，由郑献甫、谭莹、陈澧、孔广镛四人总领其事，增刻冯登府著作七种、汉魏唐蜀北宋清《石经考异》各一卷、《三家诗异文疏证》二卷，于同治元年（1862）完工，此即所谓的"咸丰庚申补刊本"。光绪十一年（1885）八月，王先谦出任江苏学政，开设南菁书局，沿《皇清经解》体例，"汇刻先哲笺注经史遗书"，刻《皇清经解续编》，一名《南菁书院经解》或《续皇清经解》，计一千四百三十卷，收书二百零九种，作者一百一十家。晚清学者皮锡瑞说："《皇清经解》《续皇清经解》二书，于国朝诸家搜辑大备。"阮元身处乾嘉经学兴盛的尾声，《皇清经解》的刊刻已在嘉庆以后的道光年间，此时汉学研究由兴盛走向衰弱而日趋淡化。因此，《皇清经解》的刊刻，既是阮元对清代二百年学术研究的一大总结，又是阮元在其宦海生涯中文化学术活动的最后一项能够彪炳史册的伟绩。

阮元不仅热忱于编书校书刻书、传播儒学，而且对中国史书的整理也十分留意。道光十五年（1835），阮元入内阁，奉命宿集贤院时，每每利用宿值机会，将早年编成而未刊的《十三经经郛》多加整理，并将其中的《诗经》与《尚书》二种抽出，单独成篇，编录为《诗书古训》。由于当时他刚从总督任上回京供职，情绪尚有波动，加上年属古稀，精力不济，所以对该书未及细审，这成为阮元生前的一件憾事。道光十九年（1839），阮元致仕后，便打算将此书再作校勘以成完书。于是阮元特聘与自己有通家之好的毕光琦来做校勘工作。毕光琦，字君辅，号韫斋，江苏仪征人。曾是汤金钊的门生。经过毕氏的校定、删节和增补，《诗书古训》一书于道光二十一年刊刻行世。又如《旧唐书校勘记》，同样倾注了阮元的心血。《旧唐书》二百卷，原为晋刘昫、张昭远等编写，由于当时资料短缺，又编于"丧乱之际"，所以人们都认为该书多芜杂、多阙略、文笔不佳，特别是在《新唐书》问世后，它便更不为世人所重视。从南宋绍兴以后直至明代中叶，《旧唐书》始终未见再版。明嘉靖十七年（1538），余姚闻人铨等虽然予以重新刊刻，但是流传不广，影响也有限。清初顾炎武也曾经建议刊刻《旧唐书》，然而响应者寥寥。道光二十年，甘泉岑建功在阮元弟子梅植之的劝说下，决定重刊《旧唐书》。于是聘甘泉沈龄、殷燠、凌镛，仪征黄春熙等人分任校勘，遵循阮元提倡的"不妄改原书体例"之例。后来又聘请罗士琳、刘文淇父子、陈立等人参照各种版本，编写成《校勘记》六十六卷，阮元为之序，称其为"衰年见此，洵为快事"。

第9章

诂经学海育精英

阮元在浙江担任巡抚与两广总督期间，使他感受最深的莫过于培养人才，而培养人才的关键，在于办适应社会发展需要的学校。杭州诂经精舍与广州学海堂就是阮元一手创建的著名学府。

诂经明道

清代乾隆、嘉庆年间，杭州较为著名的学校仅有敷文书院、紫阳书院、崇文书院、东城讲舍等。但这些书院与讲舍，往往为一般士子设立，专习举子业，目的是应付科考，书院完全沦为朝廷科举制度的附庸。鉴于此，阮元希望创办一所培养专门人才的高级书院。

嘉庆六年（1801），阮元挑选了地处杭州西湖白沙堤清行宫之东的一块地方建立了一座新的书院。这里原本是两年前阮元担任浙江学政时，召集学生共同编写《经籍籑诂》一书的地方，现在阮元则将其改造为培养学生的学舍，取名"诂经精舍"。"精舍"一名，来自佛教，它本来是指从事佛学修行者的住处。如释牟尼迦时就有竹林精舍、祇园精舍、祇树给孤独园、鹿野苑等等精舍。精舍的面积不分大小，不一定是小的地方才称为精舍。"精舍"起初是指汉代的一些隐士或僧人修行德性的地方，后来汉代儒生也纷纷仿效，建立精舍，招募学生，传播儒家思想，所以"精舍"也就成为书院的代称了。阮元非常崇尚汉代的学问，所以将书院取名为"精舍"。所谓"诂经"，即用当时通用的语言来解释古代的语言或文字和方言字义。为了突出诂经精舍传承古代优秀文化的办学宗旨，阮元在精舍门上写有"公羊传经，司马记史。白虎德论，雕龙文心"十六个字的楹联，而这十六个字分别代表了战国时期公羊高的《春秋公羊传》、西汉司马迁的《史记》、东汉班固的《白虎通德论》和南朝刘勰的《文心雕龙》四部在中国古代传统文化中具有里程碑意义的伟大著作。

为了让诂经精舍的学生进一步了解读书的目的，阮元还在精舍内奉祀东汉学者许慎、郑玄两位学者。许慎和郑玄都是汉代的著名经学家。许慎著有《说文解字》，他根据文字的形体，创立五百四十个部首，将九千三百五十三字分别归入五百四十部。五百四十部又据形系联归并为十四大类。字典正文就按这十四大类分为十四篇，卷末叙目别为一篇，全书共有十五篇。《说文解字》共十五卷，其中包括序目一卷。许慎在《说文解字》中系统地阐述了汉字的造字规律，提出"象形""指事""会意""形声""转注""假借"的所谓"六书"学说。开创了部首检字的先河，后世的字典大多采用这个方式。阮元的前辈段玉裁称这部书"此前古未有之书，许君之所独创"。郑玄也是东汉末年著名的经学大师。郑玄自幼天资聪颖，又性喜读书，勤奋好学。他从小学习书数之学，到八九岁时就精通加减乘除的算术，不但一般的大人比不过他，即便是读书人，不专门学习书数者也赶不上他。到了十二三岁，他就能诵读和讲述《诗》《书》《易》《礼记》《春秋》这儒家的五经了。同时，他还喜欢钻研天文学，并掌握了"占候""风角""隐"等一些以气象、风向的变化而推测吉凶的方术。郑玄遍注儒家经典，使中国传统经学进入了一个"小统一时代"。他对儒家经典的注释，长期被封建统治者当作官方教材，收入九经、十三经的注疏中，对于儒家文化乃至整个中国文化的流传作出了相当重要的贡献。阮元将许慎与郑玄作为诂经精舍学生的楷模，也就表明阮元办学宗旨是崇尚汉学，着意培养优秀的经史学术人才。

诂经精舍设有掌教，亦称主讲、山长或院长、讲教，一般都由巡抚聘任。下设监院，职长教课，亦称学长，一般也是由巡抚委任。诂经精舍开创之初，阮元约请王昶、孙星衍等为讲席。王昶和孙星衍都是清代乾嘉时期的著名汉学家。王昶（1725～1087），字德甫，号述庵，又号兰泉，青浦人。乾隆十九年（1754）进士，官至刑部侍郎。他曾经主持娄东书院和敷文书院，对培养学生很有经验。他认为要培养出对国家有用的人才，必须改变现行的科举考试以八股文为主体的制度，而以熟读经书为主。他被阮元聘为诂经精舍主讲时，已经七十七岁高龄了。他的著作有《春融堂集》《天下书院总志》等。孙星衍（1753~1818），字伯渊，又字渊如，江苏阳湖人。他比阮元大十一岁，又早阮元一科成进士，是乾隆五十二年（1787）会试中的榜眼。他博通经史、文字、音韵、诸子百家、金石碑版等，又工诗文，他与同乡洪亮吉、黄景仁齐名。他也反对学生学习八股文，提倡书院应培养经世致用的人才。他的著作很多，有《尚书今古注疏》《续古文苑》《平津馆藏书记》等三十余种。阮元在山东初任学政时，孙星衍则任兖沂曹道。在王、孙的主持下，诂经精舍的授课内容主要以经史为主，废除八股文，不习八韵诗。为了提高学生的学术水平，在教育方法上则以研究为主，实行教师轮流命题和开卷考试，充分发挥学生的主观能动性，鼓励学生广取博搜，反对死记硬背，这些措施收到良好的教育效果。在阮元周围集结了一大批学有专长、年轻有为的学者。据孙星衍《诂经精舍题名碑记》记载，当时讲学之人达九十一人，其中荐举孝廉方正及古学选拔之士六十三人，纂述经诂之友五人，一时文风独盛，诂经精舍也因此成为当时读书人最为向慕的学校和东南地区的学术研究中心。

阮元创立诂经精舍，目的当然是为朝廷培养与输送治理国家的合格人才。然而通过办学培养优秀的朴学人才，也是阮元的主要学术理念。清代的书院，就其教育内容而言，都以理学为主，并且重视八股制艺与八韵诗。然而在乾嘉时期，由于经典考证学的盛行，一些书院都聘请当时著名的汉学家担任主讲或院长，在他们的带动下，教学内容也相应地发生了变化。如南京的钟山书院、惜阴书院，苏州的紫阳书院，扬州的梅花书院、安定书院等都以讲习经史为主。王昶、钱大昕、王鸣盛等都肄业于紫阳书院，段玉裁、王念孙、王引之、汪中、洪亮吉、孙星衍、任大椿、刘台拱、顾九苞等都肄业于梅花、安定两书院。南京钟山书院，自杨绳武重视经学的讲授后，就不断抨击八股文之失："枯槁其面目，钝置其心思，开卷索然，了无意味，假先辈之病也；臃肿其文体，痴肥其肠胃，捲卷茫然，不知何语，烂时文之病也。"沈德潜主持苏州紫阳书院时，曾经奏请朝廷书院应重经术，不习八股之业，认为"国家取士，期其湛深经术，明体达用，以收赞襄辅理之效，非徒取制艺之士，工于馨悦绣错已也"。这些书院虽然有重古之学的倾向，也仅仅是增加了讲习的内容而已，整个书院总体上还是按照旧有习惯，变化不大。直到阮元的诂经精舍，才真正敢于力矫积习，提出摒弃宋学恢复汉学的理想，成为培养青年汉学家专门学堂。

正是在崇尚汉学的思想指导下，阮元主张诂经精舍还肩负着培养笃信好古、实事求是、能够会通诠释圣人思想的"通儒"，而不是"陋儒"的使命。阮元认为"陋儒"之学，就是人云亦云，只知道跟在老师的背后，老师说什么，自己也说什么，没有自己的思想，唯以学习八股文为荣，这种鹦鹉学舌式的学问，其实就是一种等而下之的学问，对社会一点也没有帮助。那么如何才能达到"通儒"的境界呢？阮元认为必须有自己的学术个性，敢于坚持自己的学术观点，在学术研究上应该遵循孔子强调"当仁不让于师"的遗训，学问应该为现实社会服务，积极投身到当时的学术交流和文化传播中去。

学海无涯

　　道光四年（1824），阮元继浙江杭州诂经精舍后，又在广州创立了著名学府——学海堂。清代的广州，地处岭南，相对于文化学术繁荣的江南而言，它在中国历史上尚属文化不发达地区。虽然在明代出过王学先驱的陈献章和与王守仁相抗衡的湛若水，但是两家之学"固甚高妙，但有束书不睹、不立文字之流弊"。随着清王朝的统一，岭南的文化学术未能随着战争的结束而再现前朝繁荣的景象，反而每况愈下。康熙末年，苏州名士惠士奇担任了广东学政，积极提倡中国古代的传统经学，粤地文风有所改变。雍正皇帝即位，惠士奇继续留任广东学政，读书人为之雀跃欢呼，纷纷抛弃私塾教授学童的课本，争先恐后学经学，当时就有"争弃《兔园册》，专事经籍，而通经者愈多，其为文章，郁郁莘莘，比于江浙矣"的说法流传。乾隆皇帝与嘉庆皇帝两朝，一种叫作"汉学"的经典汉学，虽然在江苏、安皖、浙江三省十分盛行，但是"汉学"之风却未能进入岭南。作为汉学家的阮元，为了贯彻自己的学术理念，决定仿照杭州经诂精舍的模式，在广州创立学海堂。

　　阮元把学海堂的地址选择在广州风景宜人的粤秀山麓。堂为三楹，前为平台，可瞻望狮洋景象，气象雄阔。堂后依粤秀山建小斋，名"启秀山房"，于最高处筑亭，名"至山亭"，取"学山至山"之义。堂中仿三国吴《天发神谶碑》字体书写匾额，并撰写楹帖云"此地有狮海珠江之胜，其人在儒林文苑之间"，其一联云"公羊传经，司马记史；白虎论德，雕龙文心"。

学海堂虽然讲学内容中有理学，但仅仅是一种形式，并不以此为重，仍然以经学为主。所以学海堂与其他书院不同，并有自己的特色。

首先，学海堂不设山长制，而实行学长制。据《学海堂章程》中规定：管理学海堂，本部堂酌派出学长吴兰修、赵均、林伯桐、曾钊、徐荣、熊景星、马福安、吴应逵共八人同司课事。其有出仕等事，再由七人公举补额。永不设立山长，亦不允荐山长。学长的主要职责是出题评卷。书院内的大小事宜均由八位学长共同商议决定。每年四课，每课设管课学长两人，兼管日常事务。如学海堂的首任学长是吴兰修。吴兰修（1789~1839)，字石华，号学博，广东嘉应人。嘉庆十三年（1808）进士。道光元年（1822）被任命为番禺县训导。他学问渊博，学风朴实，家里多藏书。平生以研究经史为主，还精通算学古法，在学术上非常有成就。同时，他在学海堂初建时，还参与了具体的策划工作，所以阮元请他担任了第一任的学海堂学长。阮元经常来学海堂给学生授课，与吴兰修的交往也越来越密切，后来阮元赴云南担任总督，和吴兰修在学问上仍有往来。

其次，学海堂实行季课制。《学海堂章程》规定：每一年分为四课，由学长出经题文笔，古今诗题。限日截卷，评定甲乙，分别提供给学习的津贴。所谓"季课"，也就是按季节考试。这与当时一般书院流行的月课形式差不多，但内容完全不一样。一般书院的月课，如同科举考试，学生黎明登堂，封门发题，当日交卷，不能继烛。其题目通常以四书文为主。学海堂则每一季度由书院出题征文，张榜于学海堂门外，各学长也各携若干张，以便散发。考题上标明截卷日期。学生们根据所出题，查阅经书，登堂向学长请教疑难，然后写出课卷。课卷由八学长共同评定，分别优劣，对优秀的予以奖励，并将课卷选入《学海堂全集》。

再次，学海堂实行专课肄业生制度。为了提高教育质量，提升学生学术研究的系统性，道光十四年（1834），阮元的弟子钱仪吉来到广州。阮元委托他与学海堂的学长们商量制定专经的考试方法，并请当时的两广总督卢坤下谕设立专课肄业生制度。专课肄业生制度的确立，极大地提高了学生的学习积极性。专课生从平日参加季课的学生中挑选，主要根据他们的品行、志向和学习成绩，由八学长共同推荐录取。专课生进堂后，可以在《十三经注疏》《史记》《汉书》《后汉书》《三国志》《文选》《杜诗》《朱子全集》等书中任选一门肄业，导师则在八学长中任选一位。学生一旦确定专业后，按日看书，撰写读书心得。每逢季课时，便将这些平日所作心得呈交导师，由导师负责指导。专课肄业生每届以三年为期限。道光十四年首次招收专课肄业生十名，其中就有后来担承菊坡精舍院长的陈澧。

学海堂书院每年还举办各种聚会。师生们在聚会上，促膝交谈，交流学习心得。每年正月二十日是阮元的生日，书院举行团拜。每年七月五日是汉代经学家郑玄的生日，书院举行祭礼仪式。其他如中秋月圆、重阳菊开、冬梅报春之时，也都是书院的雅集。这种生动活泼的教育方式，与当时以理学传授为主的书院，形成了鲜明的对比。在那以后，晚清的张之洞督学四川，创尊经书院，王先谦督学江苏，创南菁书院，黄彭年于直隶重振莲池书院等，也都纷纷仿效学海堂。

同时，学海堂还有一个有别于其他书院的重要特征，那就是能够自己刊刻书籍。学海堂刊刻的书籍主要有两种：一是重刊前人或他人的著述，二是刊刻本书院师生的编写之书。阮元曾组织师生，搜罗甄录清代以来的各种解经书籍，酌定去取，汇辑成《学海堂经解》一千四百卷。同时还汇编本书院师生的文章为《学海堂全集》《学海堂课艺》等书。这对学海堂的教学与学术交流都起到了极大的推动作用。

阮元创办的学海堂书院，从道光四年（1824）创建至光绪二十三年（1897）最后一次招生，历经七十余年，培养出众多的著名学者和经世人才。如传世的《学海堂集》，共有四集，达九十卷，所收诗文二千多篇。这些文集不仅仅是学生课艺之佳作，也具有较高的学术价值和研究成果。梁启超在《清代学术概论》中说："自吾之生，而乾嘉学者已零落略尽，然十三岁肄业于广州之学海堂，堂则前总督阮元所创，以朴学教于吾乡者也。其规模矩矱，一循百年之旧。"谢国桢先生说："自阮文达倡立诂经、学海，乃专示士子以考证训诂之学，兼习天算推步之术，士子各以性之所近，志其所学，学有专门。"

第 10 章

士林山斗树典范

阮元不是清代汉学的直接倡导者，他的汉学研究成果，与乾隆时期的惠栋、戴震等人专门从事考据的传统一脉相承。然而他调整汉学研究方向、弘扬新的学风、论证孔孟思想、为骈文争立正统，成为当时士林山斗式的人物。

调整汉学

阮元的学术研究，依靠他的政治地位及在学界的声望，继续高扬乾嘉以来的经典考据的旗帜。不过，阮元在谈到有关乾嘉汉学的首创者的问题上，却与当时学界一致推崇黄宗羲、顾炎武为清代经典汉学鼻祖的意见大相径庭，他提出清初学者毛奇龄为乾嘉汉学的开山。乾隆五十九年（1794），阮元督学浙江，按试绍兴府，有感于当时从事经学研究的人虽然很多，但是真正能够作出成就的却凤毛麟角，于是积极表彰毛奇龄的"以经学自任，大声疾呼"的学术态度，公开提倡经学研究应以毛奇龄为范式，调整汉学的学术方向。他在为陆成栋家藏《西河全集》刻版作序时说了这样一段令当时学者瞠目的话：

> 萧山毛检讨，以鸿博儒臣，著书四百余卷。后之儒者或议之。议之者，以检讨好辨善詈，且以所引证，索诸本书，间也不合也。余谓善论人者，略其短而著其功，表其长而正其误。若苛论之，虽孟荀无完书也。有明三百年，以时文相尚，其弊庸陋谫塞，至有不能举经史名目者。国朝经学盛兴，检讨首出于东林蕺山空文讲学之余，以经学自任，大声疾呼，而一时之实学顿起。当是时，充宗起于浙东，朏明起于浙西，宁人、百诗起于江淮之间。检讨以博辨之才，睥睨一切。论不相下，而道实相成。迄今学者日益昌明，大江南北著书授徒之家数十。视检讨而精核者固多，谓非检讨开始之功则不可。……陆生成栋，家藏《西河全集》刻板，请序于余，因发其谊于卷末，俾浙士知乡先生之书，有以通神智而开蒙塞，……较之研求注疏，其取径为尤捷。余曩喜观是集，得力颇多，唯愿诸生共置案头读之，足胜名师十辈矣。

毛奇龄是清初浙江萧山人，又以郡望称"西河"，所以一般也都称他为"毛西河"。他曾经担任清代初期的翰林院检讨，是一位享寿既长产量又高的著名文学家兼学者，终年九十四岁，著作约有五百余卷，当时有人说他"著述之富，甲于近代"。与此相应，有关他的传闻佚事也特别多，这里略举二例。

相传毛奇龄晚年专以向清廷献媚为能。他曾经编写了一部名叫《四书改错》的书,专门抨击朱熹编写的《四书章句集注》,企图以此来抬高自己的声望。然而出乎他意料的是,不久清廷却以朱子配享孔庙,以朱熹的理学思想为官方的哲学思想,同时大兴文字狱,迫害知识分子,很多学者死于非命。这令毛奇龄始料不及,他吓破了胆,于是赶紧把《四书改错》的雕版烧毁,以求保全性命。

又相传毛奇龄平生以诋毁朱熹为乐事,竟同仇敌。他在晚年得了一种奇怪的病,感到口中奇痒,因此自嚼其舌,病危之日,他的舌苔片片而堕,不能饮食二十多日,口中竟不能发出一语,直到舌根被嚼尽而死。这个传闻,其实不确,纯系张冠李戴。这事说的是清初文人袁于令。他原名韫玉,又名晋,字令昭,一字凫公,号箨庵,又号幔亭、白宾、吉衣主人等,江苏吴县人。早年居苏州因果庵,因为相恋一妓女,被革去学籍。清顺治二年(1645),清兵南下,他降清有功,被授予荆州太守。为官期间,不理政事,沉湎于弈棋、唱曲和骰子,又喜谈闺闱事。晚年,寓居会稽,冒暑干渴,忽得怪病。觉口中奇痒,因自嚼其舌,片片而堕。不食二十余日,竟不能出一语,舌根俱尽而死。著有《西楼》传奇。

正是根据上述传闻,在毛奇龄去世后,有个叫全祖望的浙江学者,专门写作了一篇题为《萧山毛检讨别传》的短文,文中列数了毛奇龄的"益自尊大无忌惮""狂号怒骂""雅好殴人""高自夸诩""伪造典故"等为当时学者所不齿的种种劣行,所以到了乾嘉时期,一般学者都十分鄙视毛奇龄的人品,对他的学术贡献置若罔闻,从而也就抹去了毛奇龄在清代学术史上的学术地位。

在阮元提出毛奇龄为乾嘉汉学为首创者之前，代表性的意见主要有三种：一、《四库全书总目》认为方以智是开启清代学术的代表；二、汪中则认为清学的肇始者当推清初学者顾炎武；三、江藩认为黄宗羲才是真正的汉学开山。这三说中，尤以二、三说最具代表。可见，即使在清代学术领域，学者对清代学术起因的探讨意见也并不一致。在清初学术界，毛奇龄是一位既极具影响而又很有争议的学者。他虽以反理学、批朱熹著称，但又是王阳明学说的信从者，同时还是汉儒经说的积极提倡者，乾嘉学者一般都研读其书，或暗袭其说。那么毛奇龄为什么会得到阮元的青睐呢？其中有以下几个方面的原因。

首先，乾嘉时期经学研究的考据化，虽然著述如林，名家辈出，但是纯粹考证使学术研究逐渐走入补苴缀拾的死胡同。考据那种所擅长的逻辑严密、取证确凿的研究方式及其"笃于尊信，缀次古义，鲜下己见"的特征，致使经典本身所蕴含的"义理"价值反而得不到彰显。它不但遭到当时崇尚宋学的学者如姚鼐、方东树等人的抨击，而且在汉学家内部也出现了不满和检讨。乾嘉之际一批以汉学自期的学者对汉学的学风、理论、研究方式都作了全面、深刻的反省。如焦循认为探求圣人之道不仅应该"日新而不已"，而且应"以日新为要"；阮元"以新知为主，不惑于陈言"；凌廷堪则自负为"一二人开其端者"而"思起而变之"，积极主张汉学亟须变革。可以说，阮元、焦循、凌廷堪等人对汉学的批评以及求变的呼吁，不仅是一种学术取向的变动，而且还是汉学家一种自新的开创性学术活动。由于当时他们的著述限于私家刊刻，流传渠道未必畅通，所以未能引起学术界的高度重视，社会影响相对不大。但以提倡汉学自任著称的阮元高标汉帜、重塑经学典范，为学者提供了新的值得效法的前辈楷模，也就为汉学的研究注入了新的活力。

其次，乾嘉时期的学术界，几乎毫无疑义地一致确认清初学者顾炎武为清代汉学的创始人。这不仅因为顾炎武有大量的经典考据成果，如《日知录》等，而且因为他提倡的"读九经自考文始，考文自知音始"，成为当时学者遵之不移的治经格言和共识。惠栋、戴震自不待言，即以孤傲著称的汪中，也认为乾嘉汉学的肇始者当推顾炎武。不过，随着经学研究不断地向纯考据化方向趋进，谁是清代汉学的直接开山也随之出现了新的认定。如钱大昕认为惠栋才是清代汉学的真正开山；吴派嫡传江藩作《汉学师承记》，则以阎若璩为清代汉学开山。该书正文首列阎若璩，而顾炎武、黄宗羲则退居为附录，理由是顾、黄的学术根基仍有理学背景。这说明乾嘉学者关于清代汉学的开山，先后经历了由顾炎武、惠栋，最后确立为阎若璩的变化。然而，阮元幡然易帜，由阎若璩改崇毛奇龄，这一事关乾嘉之际学术研究方向的调整，正适应了当时学术发展的需要。

再次，十九世纪初，原来分属于吴派或皖派的汉学大师如惠栋、钱大昕、江永、戴震等先后谢世，继起的王念孙、段玉裁、王引之等人的经学研究成就虽然足以与他们的前辈相媲美，而且清学史上九种十二部解经释传的新疏，大部分完成于嘉庆时期；不过，汉学研究的总趋势，已由惠栋、戴震等早先以反理学为主题的汉学研究折入古代语言文字学的研究一途。也正因此，阮元既要维护传统经学，继承乾嘉传统，又要考虑回应来自宋学方面的挑战，更要寻求如何延续汉学生命的学理途径。因此，重塑学术典范，明确汉学的研究方向，成为他们更新汉学的必然前提。由于毛奇龄坚决反理学、批朱熹，尤其抨击朱注《四书》、朱注《太极》，直接开启了惠栋、戴震的反理学方向，所以毛奇龄很自然地成为阮元推崇的偶像。

最后，在阮元看来，毛奇龄自身固然有许多被人指责的缺点，但也不能因此而忽略他的学术造诣。对他的评价，应该瑕瑜互见，而不是以瑕掩瑜。这较之全祖望以后对毛奇龄学术的全盘否定，显然也是一种新的态度与认识。所以阮元所表现出对毛奇龄的明显偏向，事实上可以理解为在同一汉学价值取向下的一种新的选择。因此联系阮元所赞毛书"较之研求注疏，其取径为尤捷。余曩喜观是集，得力颇多，唯愿诸生共置案头读之，足胜名师十辈矣"的话作深一层的思考，那么阮元推崇毛奇龄的学术并尊奉其为清代汉学开山，无疑蕴含着重塑学术典范和更新汉学的要求，也突显了阮元调整乾嘉汉学研究方向的努力。

由于调整了汉学的研究方向，阮元提出学术研究工作应该汉学与宋学兼顾，两者不可偏废。所谓"汉宋兼顾"，顾名思义，即"汉学"与"宋学"并重。所谓"汉学""宋学"，那是清代学者习用的两种迥然不同的概念和学术取向。汉学在理论上崇尚东汉的古文经学；宋学奉程朱理学为圭臬，尤其是朱熹个人的学说，以主观意愿诠释儒家经典，使经学理学化。乾嘉时期，汉学盛行，学者訾议宋儒也成为当时的时髦风尚，理学著作寥若晨星，成为书商难以售出的滞销货。如在书坊中，理学家薛文清编写的《读书记》和胡居仁编写的《居业录》，据书商说，已有二十余年无人问津了。阮元正面提倡学术研究兼顾及汉宋，直接导致了嘉庆以后学术取向的转变，经学研究汉宋对立的门户偏见逐渐被"汉宋兼顾"所替代。一些学者纷纷提倡调和汉宋学术，学术研究出现两个令人瞩目的变化。一是被汉学家蔑视的理学经典与理论被再度重新论证。如阮元的《论语论仁论》《孟子论仁论》《性命古训》《论语一贯说》《大学格物说》，焦循的《论语通释》《性善解》《格物解》，凌廷堪的《复礼论》《好恶说》《慎独格物说》等，对宋学中关于人的自然欲望与社会道德责任的命题进行了新的讨论。二是礼学研究汉宋兼采。如金鹗的《求古录礼说》，黄式三的《约礼说》《复礼说》《崇礼说》，对此，章太炎的得意弟子黄侃就批评说："有不分师说之病，至于笃守专家，按文究例，守唐人疏不破注之法者，亦鲜见其人也。"可见，他们对理学经典的重视与礼学研究，已越出了汉学的藩篱，成为近代经学汉宋兼采的先行者。

值得指出的是，阮元所谓的"汉学"除以崇尚郑玄、许慎为代表的东汉古文经学外，还包括以董仲舒、何休为代表的西汉今文经学。如阮元不仅在为孔广森《春秋公羊经传通义》所作序中，追溯了公羊学的源流，重提了公羊学大师何休与郑玄争论《左传》是非的旧案，甚至认为《公羊传》在阐发孔子精心发挥于《春秋》的微言大义方面要优于《左传》，而且采纳著名今文学家刘逢禄的建议，在《学海堂经解》中收入了庄存与的《春秋正辞》、孔广森的《春秋公羊经传通义》、刘逢禄的名著《公羊何氏解诂笺》等。因此，阮元强调"汉宋兼顾"，实际上涵盖了古文经学、今文经学与宋学。所以，后来被李慈铭赞誉为"卓识精裁，独出千古"。从经典诠释学的角度考察，阮元调整汉学的研究方向，不仅呈现出对汉学自身否定的态势，而且也为乾嘉之际的经典诠释突破原有汉学范围的限制提供了理论基础。

弘扬新风

"实事求是"是乾嘉时期学者研究学术的准则，它是针对宋儒空谈义理而提出的。其确切的含义是说，从事学术研究应该以事实说话，寻求事物的本来面目，而不是无任何根据的主观臆断。从苏州惠栋为代表的吴学，到以休宁戴震为代表的皖学，都毫不例外地将其作为研究学术的宗旨和经验。

"实事求是"一词，最初出现于东汉史学家班固撰写的《汉书·河间献王刘德传》，讲的是西汉景帝赞扬第三个儿子河间献王刘德的治学态度为"修学好古，实事求是"。对此，唐代学者颜师古解释说："务得事实，每求真是也。"明朝王阳明在宋代朱熹"格物便是致知""理在事中"的基础上，提出了"知行合一"的观点，倡导"实事求是"的学风。这原本指一种严谨的治学态度和方法，是一个经学和汉学的命题，也是中国古代学者治学治史的座右铭。作为汉学的提倡者，阮元也同样将此四个字作为治学的宗旨。如阮元认为"推明古训"，首先应该实事求是，从古人的注疏着手。所谓注疏，即指古代学者解释经典的文字。自汉代以来，为了阅读和解释经书，先后有"传""记""笺""章句""集解""义疏"等多种名称，阮元这里所说的"注疏"，实际上是这些解释名目的泛称。由于时间的推移、社会环境的变迁，古代的语言文字也随之发生变化。后人对前人的解释自然也会存在不少困难，如不解文义、不懂字句、不明文字声训等。因此，经书流传至今，几乎每一时代对它都有新的解释，其数量远远超出经典的本身，而这些解释也成为经书的重要组成部分。因此，在阮元看来，要读懂经典，就必须先读懂注疏，注疏是理解经典的钥匙，也是读书的一种门径。然而纯粹地研究注疏，也只是阮元提倡"实事求是"思想的一部分，重要的是将这一思想贯彻于重新解释经典，并赋予经典以经世致用的新的历史内涵。

乾隆六十年（1795）至嘉庆四年（1799），阮元编写了四十六卷本的《畴人传》，提出了科学"乃儒流实事求是之学"的思想。在中国封建社会，数学虽曾被列为儒家必习的六艺之一，但始终不为封建统治者所重视。在他们看来，数学是"九九贱技"，而研究科学则是"玩物丧志"的标志。《新唐书》便称："凡推步、卜相、医巧，旨技也，小人能之。"翻开中国的科学发展史，虽然也有辉煌的成就，但是同儒家经典的研究相比较，实在是微乎其微。尽管数学研究在宋代出现过一段兴旺时期，产生了诸如秦九韶的"大衍求一术"、朱世杰的"天元术"等伟大成就，然而元、明两代不立算学馆，仅仅在元世祖至元六年（1269）允许蒙古子弟学习算学、明太祖洪武二十五年（1392）令国子生学习算学、宣宗四年（1429）令国子监诸生学习算学三个短期，他们学习的质量极其低劣，竟然不了解宋代数学研究的成果为何物。据《国子监志》记载："考厥由来，只以历事诸生，不通算数，俾之略为肄习……教之不专，课之无法，与今国子监算学馆专习者迥不相涉。"

清初由于立法的需要，数学开始受到重视。康熙五十一年（1712），康熙皇帝命梅毂成任蒙养斋汇编官，会同陈厚耀、何国宗、明安图、杨道声等编纂天文算法书。次年，康熙皇帝发布圣谕，在蒙养斋设立"算学馆"，翻译西方历算著作，编写《律历渊源》等书籍，被西方人同样称为"皇家科学院"。同年，诏修《律吕》诸书，于畅春园蒙养斋立馆，求海内畅晓乐律者。康熙五十八年十月，命蒙养斋举人王兰生修《正音韵图》。现在提起的蒙养斋大约是指"蒙养斋算学馆"，也就是康熙皇帝倡导科学并为此建立的当时的"皇家科学院"。蒙养斋也是因此而出名并被后人记住的。蒙养斋一方面选八旗子弟入学学习算学进行试点，一方面又大力奖励数学人才。如大名鼎鼎的梅文鼎为了学习数学，经常通宵不眠，取得很大的成就，被康熙皇帝赞许为"绩学参微"，此一举措，也被认为是自清朝开国以来一介布衣所受到的特殊嘉奖。

因此，抛弃传统的辞章之学，掌握天文数学知识，也就成为当时学者理想的进身之阶。到了乾嘉时期，随着汉学的盛行，对传统算学的整理与研究也成为学界的热点。乾隆皇帝接受朱筠开设四库馆编写《四库全书》的建议，一些久已散佚的古代数学著作得到收辑、校勘、注释和翻刻。如戴震在四库馆工作期间，利用《永乐大典》对《周髀算经》《九章算术》《孙子算经》《海岛算经》《五曹算经》《五经算术》《夏侯阳算经》《张邱建算经》《缉古算经》《数术记遗》等十部古代数学名著进行了发掘、整理和复原。并且借此对儒家经籍《仪礼》及《大戴礼记》进行研究，取得了突破性的成就，作出了重大的贡献，数学研究成为学者的热点。江藩《汉学师承记》所录五十余位汉学家的行状，其中近一半的汉学家在研究经典的过程中涉及对天文、历算、数学等自然科学的研究和传习活动。如汪中生前因未能"明九章之术"而追悔不已，力劝江藩致力于数学研究。阮元的好友徐心仲，因为别人指责他不懂算学，于是不分昼夜地研究数学，甚至在参加省考时也因思考数学问题而交白卷提前退场。又据《扬州画舫录》所载，戴震、钱大昕、凌廷堪以及稍后的汪莱、李锐、谈泰、张敦仁等人经常往来于扬州讨论数学中的疑难问题。焦循、汪莱、李锐因研究数学，被誉为"谈天三友"。其中焦循的《加减乘除释》一书，成为中国传统数学著作中一部独树一帜、别开生面的理论性数学专著，数学成为当时学者从事学术研究不可缺少的一门主课。

当然，阮元将数学升格为儒家的"实事求是"之学，一方面是以此作为评判通儒的标准，另一方面实是阮元领悟到数学中所体现出的"实测"思想，与他的"圣贤实践之道"完全相通。所谓"实测"，也称"质测"，它是指对事实的理解。清代初期黄宗羲、王锡阐都强调推算结果要与实际天象相结合。焦循还认为"天不可知，以实测而知"，他的易学研究就是凭借"实测"而取得很大的成功。因此，阮元所谓的"实测"，既赋予数学以经学研究的方法论意义，又具有浓郁的道德实践理性，同时借此可隐约窥测到乾嘉经学正向近代形态蜕变的气息。

阮元虽然将自然科学纳入"实事求是"，但主要是为了坚持当时广泛流行的"西学中源说"，即西方自然科学的成就都可以在中国传统科学中找到它的萌芽。其实，早在清代初期，西方传教士来到中国，同时带来了有关西方的一些自然科学知识。面对西方的自然科学知识，当时学术界持有两种迥然不同的态度：一种是热忱接受，一种是坚决排斥。两种态度形同水火，互相诋毁。如清廷任用传教士汤若望、南怀仁等人按照西方天文学成果制定新历法，就遭到杨光先的激烈反对，写出《辟邪论》等文章加以驳斥，并屡次上书，称汤若望等意图谋反，需要将天主教信徒"入其人，火其书，庐其居"。他提出："宁可使中夏无好历法，不可使中夏有西洋人。"康熙皇帝为了平息日趋激烈的中西之争，既采纳西方科学，也大力提倡和宣扬"西学中源"说，从而"西学中源"说成为清代官方钦定的学说。此后又经过梅文鼎的积极宣传，"西学中源"说便得到了朝野士大夫的广泛响应。到了乾隆、嘉庆年间，那种贬斥西学的"西学中源"说又逐渐抬头。如阮元批评哥白尼的日心说是"至于上下易位，动静倒置，则离经叛道，不可为训，固未有若是甚焉者也"，这显然是百年前杨光先诋毁地圆说"不思在下之国土人之倒悬"观点的重复。而他在《畴人传》中为杨光先立传，则明显偏袒杨光先，露骨地为杨光先辩护也是不争的事实。作为封疆大吏及官方代言人的阮元力持"西学中源"说，这在当时也属情理之中。

不过，阮元抨击"西学"，也有其积极的一面。阮元认为，中国科学的落后虽然始于明代，但是不应该以此抹杀中国曾经有过辉煌发展的历史，科学总是随着社会的进步而不断前进。阮元的分析是客观的，将中国科学的落后断限于明代，大致不错。然而细细回味阮元的话，其中仍显示出那种不甘落后、努力自强的精神。阮元认为，古代中国的科学超过西方，如今西方科学胜过中国，我们仍具有赶超西方科学的实力。所以，他并不一味维护"西学中源"说，而是能较为理性地采取"取其精华，去其糟粕"、实事求是的通达态度。如他肯定王锡阐融合中西之长，反对"随人步趋"，显示出开放的心态。但阮元所充分肯定的还是"实测"与"目验"，这无疑又与他科学"乃儒流实事求是"的思想互为表里。又如他的姻亲焦循明确表示天算之学也是儒者之学时，立即赢得了阮元的掌声，盛称焦循"会通两家（中西）之长，不主一偏之见"的数学研究是儒流之典范。

阮元生活在乾嘉后期，儒家学说仍起着引导性的作用，然而"儒者之学，务在穷经，然未有不习数学而能通经者"的时代要求，使他对知识与价值，特别是对传统经学重新进行审视，尽管最终未能走出传统注释的旧模式，但是典型地反映了乾嘉后期经学思想的变迁。从这一意义上说，阮元"实事求是"的思想，实际上体现了乾嘉时期汉学在跨入近代转折点上的一次质变。

论仁说孝

嘉庆十三年，阮元再度巡抚浙江，三月抵达杭州抚署。八月，他的好友凌廷堪来到浙江杭州，阮元向他出示了毛奇龄的《四书改错》和自己不久前新作的《论语论仁论》，接着又编写了《孟子论仁论》。《论语论仁论》与《孟子论仁论》是阮元关于孔子"仁学"思想的专论，较为集中地体现了阮元对孔子"仁学"思想的理解。

"仁学"是孔子思想中最为重要的内容。孔子"仁学"思想是一个内涵十分丰富的概念，在孔子思想中占有很重要的位置，并且对中国社会产生了十分重要的影响。所谓"仁学"，说的就是"仁爱"，原本是指对人亲善或持有一种同情心，在孔子那里被发挥成了一种学说、一种哲学观念。在孔子看来，只有在家孝敬父母，出门孝敬兄长，才能把"仁爱"这种主观理想的精神境界推己及人，由家庭推广到社会，才能达到"泛爱众"的境界。按照孔子"仁者爱人"的说法，仁的基本含义应该落实到对他人的尊重和友爱上面，具体地说，应该承认人的存在，尊重人的人格，具有明确的人化意识和行为。孔子"仁爱"思想强调人伦义务，希望人人尽伦尽职。这样，在为人处世方面就应该努力做到"己欲立而立人，己欲达而达人"和"己所不欲，勿施于人"。孔子以"爱人"解释为"仁"，作为仁德的根本标志，他希望不仅以"仁爱"精神处理人与人之间的关系，更以"仁爱"原则来治国安邦。如果社会中的每个人都能做到"仁爱"、具有"仁爱"之心，上下、长幼、尊卑有序的礼治社会就能够实现了。

自儒家创始人孔子提出"仁"的思想后，两千多年来，人们对它不断地理解与诠释，形成了所谓的"仁学"，它不仅是中国儒家思想的精粹，而且也是阮元哲学思想体系的核心。什么是"仁"？"仁"字在《论语》中出现的频率较高，达一百零九次，分散于《论语》的五十八章之中。由于孔子所说的"仁"，是在不同的场合使用的，所以并没有一个具体的明确定义，因此引出后来学者的种种猜测，可谓众说纷纭，没有定说。但是从现存《论语》中对"仁"的记录来看，"仁"大致是指道德理性，即一种普遍的人类关爱之情。如《论语·学而》："子曰：弟子，入则孝，出则弟，谨而信，泛爱众，而亲仁。"《论语·颜渊》："樊迟问仁。子曰：爱人。"正因为"仁者爱人"，所以"爱人"也就是"仁"的基本精神。唐代韩愈将"仁"定义为"博爱"，就是基于这样的一种基本精神。既然"仁"是道德情感，那么它也就是人们行为处世的基本原则，所以也就可以根据不同的理论和实践去理解和诠释。

孟子是孔门嫡传，他论"仁"，一遵孔子之义。如他认为"仁，人心也"，就意味着"仁"不但是一种普遍的"爱"，而且还是人们的本心，因此"仁"也就成为道德心。换言之，凡属道德情感的"仁爱"，都是出自人的本心，所以，孟子把恻隐之心视为"仁之端"。同样，既然"仁"是我的本心，而本心自然就是"我所固有之"而非"外铄于我"的，所以"仁"也就是我心的体现，这就将孔子仁学思想纳入孟子的心学，成为后来宋代心性学的主要内涵。如程颢就认为"生之性便是仁"。朱熹不仅将仁比喻为"与天地万物同体"，而且认为"仁乃天地万物之心而在者"，将仁本体化，由"爱"的"仁"变成了有"天地之心"的"仁"。所以，明代阳明学派干脆将"仁"说成是"心"，即所谓的"满腔子是仁"。宋明理学家对孔子仁学思想的解释，曾引起清代许多学者的不满，他们指责宋明理学家曲解圣人的思想，纷纷为之正本清源，考证"仁"字的初始意义。阮元就是从文字训诂上对此"仁"字作了一番辨彰学术、考证源流的归纳工作。

阮元认为"仁"字的起源，可以追溯到周代的成王和康王之后，这是阮元提出的新观点。在现在一般收录古文字的书籍中，殷墟甲骨文字有类似"仁"的文字，但是否一定就是"仁"字，目前学术界还没有定论。到了春秋时，"仁"字的出现较多，阮元说"周人始因相人偶之恒言，而造为仁字"的说法是有历史事实根据的，古人因耦耕而人相偶，于是便创造出"仁"字来。为了进一步说明"仁"为"相人偶"，阮元还根据《说文解字》《中庸》《大射仪》《聘礼》《公食大夫礼》《诗经》《新书》等古代典籍，得出"仁"的含义为"相人偶"。显然，这正是采用了乾嘉学者汉学的基本方法。不过，将"仁"解释为"相人偶"，并不是阮元的发明，早在汉代经学家郑玄便有这种解释。郑玄认为"仁"就是"人也，读如相人偶之人，以人意相存问之言"，意思是说二人相偶，偶则相亲。

但是在阮元看来，郑玄虽然以"相人偶"来解释"仁"，但是终究未能揭示"仁"的思想意义。而阮元通过对"仁"字初始意义的考证，从而确认"仁"即为"圣人之大道"，这是他对孔子仁学思想的新的发现。那么，阮元又是怎样来阐发这个新发现的呢？

首先，阮元认为孔子的仁学思想主要体现在"克己复礼为仁"。他认为"颜子克己，己字即自己之己"。"颜子克己"一语，出自《论语·颜渊》篇："颜渊问仁。子曰：'克己复礼为仁。一日克己复礼，天下归仁焉。为仁由己，而由人乎哉？'颜渊曰：'请问其目。'子曰：'非礼勿视，非礼勿听，非礼勿言，非礼勿动。'"所谓"克己"，据东汉学者马融的解释："克己，约身也。"孔安国也解释说："复，反也。身能反礼，则为仁矣。"扬雄称："胜己之私之谓克。"梁皇侃则说："言若能自约俭己身，返反于礼中，则为仁也。"可见，阮元对"仁"的理解，实由马融对"克己"的解释而来。既然"克己"是为了"约身"，并使它不违于礼，而不是克制私欲，那么只要遵循孔子所说的"四勿"，即非礼勿视、勿听、勿言、勿动，便能爱人而人相偶，能做到相人偶，也就达到了"克己复礼为仁"的境界。这里，阮元非常明白地说明了"仁"不仅是思想修养问题，而且还是一个如何循礼寻仁的功夫问题。

其次，阮元之所以提出"克己复礼"为"仁"的内核，一方面固然有他自己的独立见解，另一方面实际是由于宋儒将"仁"曲解为"私欲"。如朱熹说："己，谓身之私欲也。复，反也。礼者，天理之节文也。为仁者所以全其心之德也。盖心之全德莫非天理，而亦不能不坏于人欲。故为仁者必有以胜私欲而复于礼，则事皆天理，而本心之德复全于我矣。"对此，阮元引用清初学者毛奇龄的话来反驳朱熹。毛奇龄曾著有《四书改错》一书，对朱熹注释的《大学》《中庸》《论语》《孟子》逐一提出批评，认为"四书无一不错"，从而进一步批判宋代理学。阮元同意毛奇龄直接批评朱熹之说，认为朱熹解"己"为"私"，实际上开后儒曲解孔学真谛的先河。阮元又引好友凌廷堪的话说："即以《论语》'克己'章而论，下文云：'为仁由己而由人乎哉？'人己对称，正是郑氏'相人偶'之说。若如《集注》所云，岂可曰为仁由私欲乎？"虽然毛奇龄、凌廷堪的解释未必是确论，但他们反对理学都是一致的。也正因此，阮元重申"仁"为"人相偶"，既有他重汉学轻义理的学术倾向，又有他反理学思想的底蕴。

再次，阮元认为既然"仁"为"克己"，"克己"又为"约身"，那么"仁"也就离不开行事而言"仁"。阮元说："其曰为仁，可见仁必须为，非端坐静观即可曰仁也。"归根结底，还是一个怎样将"仁"付诸实践的问题。在阮元看来，孟子对此所作出的解释，最具代表性。因为孟子所说"仁"，是指实事，任何离开实事而专讲良知、良能，都不是孟子的思想。"仁"一方面端具于心，另一方面又见之于行。这表明，"仁"不仅仅体现在道德层面，更重要的是落实在行的层面。只有通过"实事"，见之于"实行"，成为"事实"的"仁"，才是现实的"仁"。因此，阮元所强调的"事实"之"仁"，有他的实际内容，是与他的宦海生涯紧密相连的。阮元历经清朝的三个朝代，目睹了官场的种种腐败，好友刘凤诰的结局，孙星衍的坎坷，自己在官场所受到的挫折，这些都促使阮元"力行在无倦""履之而后艰"，从而比较深刻地体认到"仁道以爱人为主，若能保全千万生民，其仁大也"。这种视万民忧乐重于一姓兴亡的仁学观，已具有民贵君轻的民本思想。在清代，黄宗羲、顾炎武、钱大昕等都曾先后重提儒家这个具有民本意识的思想，反映了那个时代的一种思潮。阮元以"相人偶为仁"，再次诠释了这种民本思想，这在乾嘉之际更具有普遍的社会意义。

由于阮元以"相人偶"为"仁"，那么作为"仁"的补充，"孝悌"自然成为阮元理解孔子仁学思想的重要内涵。在中国古代社会，"孝悌"是维持社会秩序的核心，为历代统治者所重视，清代《孝经》被列为官学。阮元认为《孝经》所阐发的"孝悌"观念，不仅仅是古代圣人之言，而且是做人的道德准则。在阮元看来，"孝悌"和"仁"二者不可缺一。"孝悌"是天经地义的事情，好比是人有心脏，树木有根本，本立而道生，是"仁"的本源。在中国历史上，"孝"与"仁"始终是互为表里的。阮元认为，按照孔子的解释，"仁"和"孝"都是做人的道理。他推崇孔子所说的"志士仁人，无求生以害仁，有杀生以成仁"，曾子所说的"士不可以不弘毅，任重而道远。仁以为己任，不亦重乎！死而后已，不亦远乎！"他称："夷齐让国，相偶而为仁，正是己立立人、己达达人之道。谏而饿死，与比干同，爱君之至也。"这种将"孝悌"观念纳入仁的范畴，并将夷齐让国、比干饿死的行动称为"仁"，这显然是阮元"相人偶"仁学思想的政治诠释。从"克己复礼为仁""实行实事为仁"到"孝悌为仁之本",阮元较为完整地论述了关于孔子仁学思想的这一基本命题。

文笔之辨

在清代乾隆、嘉庆的时代,文章一直以桐城派为正宗。桐城派,即桐城文派,又称桐城古文派、桐城散文派。桐城派主要代表人物戴名世、方苞、刘大櫆、姚鼐均系安徽桐城(今桐城文化圈包括桐城市、枞阳县和安庆市宜秀区的大部分地区)人,故名。它是清代声势最为显赫的一个文学流派,有所谓"天下文章其在桐城"的赞誉。桐城派的义章,内容多是宣传儒家思想,尤其是程朱理学;语言则力求简明达意,条理清晰,"清真雅正"。他们的许多散文都体现了这一特点。然而当时受到"复兴汉学"口号的影响,汉学蔚然成风,文人学士崇尚博洽,鄙薄空疏,由清初发展而来的骈体创作,再度成为文坛的热点,出现了汪中、孔广森、洪亮吉、凌廷堪、孙星衍等一批既精通汉学而又擅长写作骈体文的名家。他们批评桐城派文章空疏无物,格局狭小,语言表达僵化,提倡振兴魏晋骈文,主张以骈求散。其中阮元扮演了与古文分庭抗礼、为骈文争夺正统的主角。

道光三年,阮元正在两广总督任上,为了削弱桐城派古文的统治地位,为骈文争取正统,在广州学海堂发起了一场文笔之辨的大讨论。阮元认为,当今桐城古文家倡导古文,实际上是为了科举考试。他们不去追寻《昭明文选》选文的意境，而是根据自己的需要来选择文章，推崇诸子与历史一类的散文，结果是"以彼所弃，为我所取"。然而散文创作毕竟不是诸子、史学研究文章，更不是以精实细微见长的考据论文，而是依靠情感与想象，经过形象思维的建构与创造，达到某种审美境界的文字，两者虽然在很多场合可以彼此渗透，但终究是无法替代的。可以说，阮元对古文的理解，有别于桐城派和汉学家的文学理论。为了进一步说明古文的特质，阮元就"文"与"质"的关系又作了一番辨析。他在《四六丛话序》中说了这样一段著名的话：

> 昔《考工》有言，青与白谓之文，赤与白谓之章。良以言必齐偕，事归镂绘，天经错以地纬，阴偶继夫阳奇。故虞廷采色，臣邻施其璪火，文王寿考，诗人美其追琢。以质杂文，尚曰彬彬，以文被质，乃称辴辴。文之与质，从可分矣。懿夫人文大著，肇始六经，《典》《坟》《邱》《索》，无非体要之辞，《礼》《乐》《诗》《书》，悉著立诚之训。商瞿观象于《文言》，邱明振藻于简策，莫不训辞《尔雅》，音韵相谐。至于命成润色，《礼》举多文，仰止尼山，益知宗旨。使其文章正体，质实无华，是犬羊虎豹，翻追棘子之谈，黼黻青黄，见斥庄生之论也。周末诸子奋兴，百家并鹜，老、庄传清净之旨，孟、荀析善恶之端，商、韩刑名，吕、刘杂体，若斯之类，派别子家，所谓以立意为宗，不以能文为本者也。至于纵横

极于战国，《春秋》纪于楚、汉，马、班创体，陈、范希踪，是为史家。重于序事，所谓传之简牍，而事异篇章者也。夫以子若彼，以史若此，方之篇翰，实有不同。是惟楚国多才，灵均特起，赋继孙卿之后，词开宋玉之先。隐耀深华，惊采绝艳。故圣经贤传，六艺于此分途，文苑词林，万世咸归围范矣。

"文"与"质"是中国文学史上的两个重要概念，文指词采华丽，质指文辞朴素。孔子曾经说过："质胜文则野，文胜质则史；文质彬彬，然后君子"。六朝刘勰也说过："逮及商周，文胜其质。"唐代刘知几总结说："古往今来，文质递变。"可见，文与质之所以引起孔子以及历代学者的重视，就在于文、质既是相互矛盾，又是互相统一的。没有词采华丽的文章，固然令人读来乏味；没有朴素的文辞，也同样失去文章的魅力。只有二者的统一，才能成为一种美文。

阮元正是从历史的角度，考察了中国历代文体的演变，认为文与质之间的矛盾，始终存在于文学的发展过程中，二者关系尚能处理得恰当，便能产生出优秀的文学作品。诚如他列举的那样：词则"隐耀深华，惊采绝艳"，赋则"莫不洞穴经史，钻研六书，耀采腾文，骈音丽字"。所以，阮元最后总结说："载稽往古，统论斯文，日月以对待曜采，草木以错比成华。玉十毂而皆双，锦百两而名匹。明堂斧藻，视画缋以成文，阶庑笙镛，听铿铉而应节。自周以来，体格有殊，文章无异。"这样的总结，与其说是阮元的为文之道，还不如说是阮元通过对文与质的辨析，积极提倡"沉思翰藻"的骈文。因为骈文不仅可以避免文、质各自偏向一端的弊病，而且还可以协调二者难以统一的矛盾。骈文所起的作用，是任何一种文学样式难以替代的，所以骈文也应该与古代散文一样被视为正统。

骈文是中国文学史上一种别具一格的文学样式。它利用汉语单字成音的特点，使用对举、排比、用典、夸饰等修饰手法，把文字排列得句法整齐、抑扬有致、音韵和谐，具有辞藻瑰丽、典故丰赡等特点的一种美文。骈文脱胎于汉代的辞赋，如王褒《圣主得贤臣颂》那样的作品。东汉以后，类似的作品逐渐增多，到了六朝基本上成为一种文学样式了。梁萧统编写的《昭明文选》，其中大部分文章就是典型的骈文。六朝刘勰编写的名著《文心雕龙》，就是用这种文体写成的，其中《丽辞》一篇，还专门为骈体作了理论上的阐明。当时这种文体，虽然大体上低昂相对，四字六字的对句较多，但还不是按一定的平仄规律去写。梁、陈以后，逐渐过渡到平仄和谐，对偶格式趋于定型，从而也出现了像徐陵、庾信那样的名家。到了唐代，骈文基本上继承徐、庾文体，由初唐的王勃、卢照邻、杨炯、骆宾王四杰，到盛唐的张说、苏颋的大手笔，到中唐的陆赞奏议，到晚唐的李商隐，就代表了唐代骈文演进的过程。柳宗元即以"骈四俪六，锦心绣口"二语，概括了唐代骈文的四六句式以及使用华丽辞藻、善用典故等特色。到了宋代，骈文除了对偶这一基本形式外，已不限于四字六字，一联有长到十多字的，而且运用了古文驾驭气势的方法来写，便和六朝骈文崇尚气韵者不同，典故也运用得更多了，人们称它为"宋四六"，但认为"宋四六"不但不能媲美六朝，也比不上唐代。

格愈降，调愈卑。到元、明两代，则连骈文的专门名家都无一人，名篇佳构也无一章，所以一般认为那时骈文处于衰落状态中。虽然仍有所谓的"宋四六"，但是已远逊于唐，更无法追宗齐、梁，骈文似成绝响。明清之际，随着学界尊经复古浪潮的不断升温，张溥、陈子龙等率先提倡骈文，张溥干脆为南北朝文学评价翻案。虽然张溥推崇的是汉代的诗文，但是他对魏晋以下被他称为"大手笔"的骈文家都作了"同立天地"的正面肯定，对以"清微""新巧""雅丽"为特征而风靡六朝的文风加以褒扬，尤其对萧梁的"英华迈俗"赞叹不已。此后陈维崧、毛际可、毛先舒、吴绮等公开为徐陵、庾信张目，不遗余力地提倡骈文。钱谦益、黄宗羲、顾炎武等系统地总结明代文学的经验教训，探讨文学创作中各种因素相辅相成的辩证规律，在继承中求新变，成为清初文学创作的主旋律。同时清初的学风以实证相尚，"博学于文"的口号，本身就意味着用典为学，以铺张描述显示其才。骈文之所以经唐宋元明后一蹶不振至清初再度出现回升风息，也正因为适应了这一特定时代的需要，虽然它在清初还算不上已成气候，但它直接影响到乾嘉骈文的振兴。据张之洞《书目答问》所列"体格高而优"的清代骈文二十家中，乾嘉汉学家几占一半，如孔广森、汪中、孙星衍、洪亮吉、凌廷堪等不仅是汉学大师级人物，而且是擅长骈文的顶尖高手。这意味着骈文将与一统文坛的"桐城古文"平分秋色。

鉴于此，阮元根据自己对"文"的理解，旗帜鲜明地力辩骈文为正统的合法性。为了给骈文正名，他运用了汉学"推明古训""实事求是"的研究方法。

阮元用文字训诂的方法求证"文"的基本意义与特征，抬出孔圣人，建立骈文的新文统，借以与桐城古文家由韩愈、欧阳修上溯《左传》《史记》的古文文统相抗衡。他认为《易传》中的《文言传》是万世文章之祖，认定孔子所作《文言》，奇偶相生，音韵相和，一切声音比偶之"文"都可视为"正统"。这表明阮元企图从《周易》中寻求骈文的渊源，并以此与古文争正统。其实，清初陈子龙的学生毛先舒曾经从《周易》中论证骈文出于"天壤自然之妙"，在经书中推求骈文的正宗渊源，这与后来阮元排斥古文为骈文争正统可谓如出一辙。阮元是否暗袭毛氏之说，目前尚无确切的文献资料证明，但骈文与古文的正统之争，至少在清初就已显现端倪。

阮元还以六朝文学理论的"文笔说"作为立论依据，对"文"的确切含意作了重新界定。阮元认为古人所谓直言之言、论难之语，是古代之笔而非古代之文，与属辞成篇之文章有别。他假借古代文献中出现的经、史、子的分类概念区分为："凡说经讲学，皆经派也；传志记事，皆史派也；立意为宗，皆子派也。"从而与"沉思翰藻"之"文"相区别。众所周知，"文笔"一说，见于汉魏；但作为文体意义的重新定性，则始于六朝。刘勰《文心雕龙·总术》谓："今之常言，有文有笔，以为无韵者笔也，有韵者文也。"萧统《文选序》在辨别经史诸子与文学差异的同时，提出"事出于沉思，义归乎翰藻"的选文标准，通过对典故的发掘，赋予文章形式与辞藻的美感。显然，阮元对文与笔的界说，实际上来自南朝"文笔"

说与萧统《文选序》的启迪。

阮元进一步论证了"文"与"韵"的关系。由于阮元认为骈文是一种完美的文体,它给人带来韵偶、声音的美的享受。所以骈文不仅是一种美文,而且还具有得以流传万世的强大的生命力,即所谓"古人简策繁重,以口耳相传者多,以目相传者少,是以有韵有文之言,行之始远"。

由于阮元积极提倡骈文,一时学海堂内"文言说"靡然成风,阮元的弟子也纷纷写文章维护师说,从历代的史书中搜集证据,论证骈文的合法性。此举也引起了桐城派姚门诸弟子的强烈反弹。如被誉为"姚门四大弟子"之一的刘开,他写信给阮元,认为古文"大体雅正",可以楷模后学,竭力捍卫古文是文章的正宗。另外一个姚门弟子方东树,则不遗余力地抨击阮元与他的弟子们所提倡的骈文。

方东树(1772~1851),字植之,其居室名"仪卫轩",学者因之称"仪卫先生",晚年自号"仪卫老人",安徽桐城人,是"桐城派"中较有名气的一员。方东树自幼好学,十一岁仿范云写《火树诗》,受到乡里先辈的赏识。他博览经史百家,尤其推崇程朱理学,是姚鼐的得意门生,与同学梅曾亮、管同、刘开并称"姚门四杰"。在他二十二岁时,考入县学补弟子员。几年之后,又补增广生,但屡试不第。此后只得客游四方,辗转于庐州、亳州、宿松、廉州、韶州、龙州等地讲学,其间或应人相邀参与编纂或校正文集、地方志等事。方东树于四十八岁时到了广州,应阮元的邀请,客居阮元总督府幕下。郑福照《方仪卫先生年谱》说他"研精义理,最契朱子言"。

他写有《汉学商兑》一书，极力批判以阮元为代表的汉学的流弊，指责阮元是"倒行逆施"的罪魁祸首，竭力维护宋代理学，俨然以程朱的继承者自居。他论文，强调先"务本"、积"道术"，认为"道思不深不能工文，经义不明不能工文，质性不仁不能工文"，他比他的桐城先辈更加坚守古文的传统而蔑视六朝骈文。

其实，骈文作为中国古代散文的美文，对其给予客观的历史研究与继承，无疑有利于文学创作的发展。但以正统自恃，对具有近千年发展历史的散文，因出自门户偏见而予以全盘否定，则失之武断。近代学者章太炎说："阮元之徒，猥谓俪语为文，单语为笔，任昉与徐陵所作，可云非俪语耶！"严厉批评阮元的矫枉过正及唯骈文独尊、排斥散文的态度。

在中国古代散文史上，骈文与散文本无所谓严格意义上的骈散之别。骈文虽是后起的概念，但论者也每每骈散并称，并没有一定的界限。自从魏晋六朝文人片面发展了秦汉一些作家在文章中多用平行的句子、讲究句法的整齐、踵事增华、追求对偶平仄、用典华藻之后，骈体文盛行一时，骈散便分道扬镳。唐代韩愈、柳宗元强调文必三代两汉，骈散二体更是壁垒分明，形同水火，秦汉散文遂成古文家追溯文统渊源所在的专利。所以明代茅坤说："昌黎韩退之崛起八代之衰，又得柳柳州相为羽翼，故此唱彼和，譬之喷啸山谷，一呼一应，可谓盛已。"然而韩、柳提倡古文，是鉴于六朝佛教盛行，所提倡的"焚身灭己"的人生观念，与"重己贵生"的儒家信条格格不入。也正因此，韩愈发起的"文起八代之衰"的古文运动，实际上是与他"道继天下之溺"的尊儒排佛思想相关联的，这在他的《原道》《谏迎佛骨表》等文中早已言之凿凿，表明了其态度。同样，阮元为骈文正名，恰恰适应了当时文坛文学观念与审美情趣转向的社会普遍要求，而这种要求也与乾嘉汉学的实证学风有着密切的联系。

众所周知，汉学崇实（稽古求真），骈文则尚华（辞藻艳丽），二者似难沟通。但骈文本身还具有骈六俪四、对偶押韵等特殊形式的外在美，经过汉学家的充分调适可使其重新恢复活力。如乾嘉汉学的开创者惠栋替父撰写的《募修鹤林禅院疏》，虽敷陈佛事，但亦用骈体，文采华丽。其文如下：

> 京口鹤林禅寺者，地绝三山，名同双树。福城东去，铬存遗迹于萧梁；祖印西来，始畅玄风于开宝。周茂叔之图名太极，作自空门；索幼安之书号《宝华》，题从往代。青山翔白鹤，犹传宋祖之名；渌水出双莲，尚忆唐贤之咏。惊心彷佛，瞻颠米之幽宫；着手摩莎，辨髯苏之贞石。从来胜践，多在庵萝……昔年于役，曾攀戴寺之松；今日归田，尚忆秦潭之月。素与公有凤契，愿先导于秕糠。聚米成山，截金输库。城南十万，应成不日之功；海藏五千，全赖重楼之贮。六材备具，风日以之生辉；七宝庄严，云霞为之改色。

此外，如孔广森的《戴氏遗书序》、凌廷堪的《西魏书后序》在极力模仿的基础上也能自出机杼。汉学家精于经史考证，而骈文要求有深厚的学力，汉学家大都是饱读经史的博学之士，所以刘台拱称汪中为"钩贯经史，熔铸汉唐，闳丽渊雅，卓然自成一家"。而洪亮吉的《钱献之九经通借字考序》、董祐诚的《五十三家历术序》甚至以骈文作考证。骈文的特点在于铺张直陈，而汉学家往往直陈其事，点滴不漏，二者较易磨合。最重要的是汉学家视古文家的"义法"为蹈空，而骈文则贵在征典。因此，阮元为骈文争正统，促使了骈文与古文分途，从而推动了骈文创作的发展。可以说，阮元的"文笔之辨"，不仅在理论上为骈文正本清源，而且也为嘉庆、道光年间由李兆洛、蒋湘南等人倡导的"骈散合一"论提供了必要的理论前提。同时，阮元为骈文争正统，也正是他学术思想在文学创作上的一种反映。

第 11 章

太平宰相传薪火

道光十八年（1838），阮元退休回到故乡扬州，虽然过起那种安逸、舒适、悠闲的田野生活，成为一个名副其实的太平宰相，但是，他对中国传统文化的热忱却丝毫没有消退，而且与日俱增。他积极开拓清代金石学、书法艺术与古籍出版的工作，为传承中国古代的优秀文化作出了杰出贡献。

荣归故里

道光十五年二月十日，七十二岁高龄的阮元被道光皇帝召回北京供职，加封他为体仁阁大学士兼管刑部事务。从这一年开始，阮元结束了他长期奔赴各地的封疆大吏的生活，成为一名地位显赫而无实权的天子近臣。

在京期间，阮元可谓忙忙碌碌而无所作为。诚如《雷塘庵主弟子记》所记载的那样：道光十五年九月，奉派武会试围监射。十月，太后万寿，皇上恭上徽号，遣阮元捧表恭进，蒙太后赏衣料、荷包。十一月，奉派往西陵孝慎皇后神位扫青，又奉旨兼署都察院左都御史事，又奉派同长公相（龄）恭点孝慎皇后神位清、汉神字。道光十六年正月十六日，派廷臣宴。二月，奉旨充经筵讲官。二月上丁，奉遣祭至圣庙，斋宿国子监。四月，充殿试读卷官。又阅庶吉士散馆卷。又命教习庶吉士。九月，奉派武会试围监射。道光十七年二月上丁，奉遣祭至圣庙，斋宿国子监。二月，经筵派讲《四书论》。三月，皇上谒陵，派同惇亲王、长公相、汤冢宰（金钊）为留京办事大臣，轮宿禁城。八月上丁，奉遣祭至圣庙，斋宿国子监。这种重复记载每年轮流做同一事的"实录"，犹如一本陈年流水账，连阮元的儿子阮祜对这种生活也觉得非常无聊。他写道："凡蒙派同长公相文襄公查户部砝码事，及大学士会同军机刑部审定各钦案事甚多，不具录。又，每年封印后派入乾清宫，在御前赏'福'字，又加'寿'字，每逢坤宁宫吃祭肉，年节赏荷包、笺笔、鹿果、端午纱扇等件，岁岁有之，亦不具录。"

正是鉴于自己日益远离政治活动中心，阮元于道光十八年因足疾复发而提出告假回扬州调理。五月十三日，阮元又上书道光皇帝，请求解任退休。八月十九日，道光皇帝恩准了阮元的请求，并颁谕："大学士阮元敭历中外，宣力五十年，清慎持躬，克尽职守。前以年迈多病，再三恳请解职，已俯如所请，准其致仕在家，支食半俸。兹据奏明择定行期，朕心弥深眷注，着加恩晋加太子太保衔，从兹怡志林泉，善自静摄。"在道光皇帝颁谕的五天之后，阮元婉言谢绝了一些在京友人的饯行宴会，于八月二十四日，由东便门下通州上船南下，由于

113

沿途道、府、州的各级官员昔日多为阮元的弟子或者门生，如今获知自己的老师致仕回乡，纷纷争相迎送，以尽地主之谊。对此，阮元概不推辞，欣然应邀出席。所以原本从京师到扬州仅仅二十天的路程，结果花费了五十多天，于十月十四日才抵达扬州，回到大东门福寿庭老宅定居，结束了他五十多年的宦海生涯。这年，阮元七十五岁。

俗话说"无官一身轻，有子万事足"，阮元回到扬州定居后，遵循道光皇帝"怡志林泉"的圣谕，开始了他安逸而又繁忙的隐居生活。

阮元生前最爱柳树。阮宅本无园亭，郊外也无一处堂屋。但是在扬州公道桥东北八里赤岸湖畔，有一处称作"珠湖草堂"的游息之处。它原来是阮元祖父购置用来游钓之地，后来阮元的父亲在此地建亭于草堂之后。嘉庆初年，阮父又购田庄。阮元闲暇时，也经常来这里刈稻捕鱼。放眼望去，一派田园风光，有所谓珠湖草堂、三十六陂亭、湖光山色楼、渔渠、黄鸟隅、龟莲沼、菱湄、射鸭船八景。然而好景不长，二三十年后，由于洪湖下泄，不仅草堂被淹没，而且楼庄多半倾圮，昔日令人羡慕的珠湖草堂"八景"面目全非，荡然无存。道光十九年春，即阮元致仕后的第二年，他听从弟阮克的建议，决定先筑围堤。于是选择地势低洼之田五百亩，筑堤围之。同时，阮元又希望能够与湖对面的露筋祠、邵伯埭遥遥相对。

露筋祠原是为纪念露筋女而建造的。相传盛夏的一天，家住扬州的露筋女与嫂嫂二人步行去高邮，走到露筋天色已晚，这时天空闪电大作，雷声隆隆，大雨滂沱。那时露筋镇尚未形成村落，更无旅社，只见河堤旁有一茅草棚，嫂嫂就上前打听，里面住着一个四十上下的单身男子。嫂嫂请求借宿。那男子虽生活窘迫，但为人和善，特地将自己的床腾出来，自己却用一张芦席睡在地上。露筋女恪守"男女授受不亲"的古训，力避嫌疑，坚决不肯投宿；嫂嫂也劝她不过，只好由她去了。露筋女行了一天的路，疲惫不堪，独自在门外睡着了。这时草莽中的蚊虫四处出动，疯狂肆虐，姑娘的身上嘬叮着黑压压的大片麻蚊。东方既白，嫂嫂开门一看，露筋女早已耷拉着脑袋，停止了呼吸，身上的每一根筋都像一条条蚯蚓般暴起。人们为纪念、颂扬她的贞节，在她死去的地方兴建了露筋祠，称她为露筋女，并立碑刻石，以昭后人。

邵伯埭也有一段故事。东晋谢安在"淝水之战"中立下汗马功劳，后来因会稽王司马道子妒忌他的才干，在孝武帝面前谗害他，于是被贬职到扬州做官。谢安到任后，考察了扬州城西北二十里步邱一带，发现地势西面高，湖水浅，常常干旱，而东面低，湖水高，农田常常被淹没。于是谢安决定在邵伯建一条南北大堤，即土坝，用它来调节上下水位，并在大堤的两侧各建一个斜坡，连接邗沟的上下游。当船过堤时，就在斜坡上敷以泥浆增加滑度，然后以人力或畜力来牵引船只过大堤。邵伯大堤的建造，既避免了干旱和洪水，又给航运带来了方便，人们都习惯称它为"邵伯埭"。

阮元正是出于纪念先人的良苦用心，于是将湖面加宽了二十里。同时湖堤多栽柳树，以御夏秋水患。又取江洲细柳二万枝遍插之，伐湖岸柳干插之，再加上旧庄本有老柳枝数百株，堤内外每一佃渔亦各有老柳树数十株，真是万柳婆娑起舞，一片绿荫浓浓。因此，早先的珠湖草堂八景现在改变为珠湖草堂、万柳堂、柳堂荷雨、太平渔乡、秋田获稻、黄鸟隅、三十六陂亭、定香亭八景了。为了有别于北京的万柳堂，阮元称它为"南万柳堂"，并在这里时时与亲朋好友相聚，饮酒赋诗。不久，阮元又在扬州北郊购置了"邗上家桑"为别业，经常邀请昔日老友与弟子，泛舟瘦西湖，徜徉于平山堂。

道光二十六年（1846），年过八旬的阮元又迎来了清代的鹿鸣宴。鹿鸣宴始于唐代，它是为乡试后新科举人所设的宴会，因宴席中要唱吟《诗经·小雅》中《鹿鸣》之诗而得名。此宴设于乡试放榜次日，由地方官吏主持，宴请之人除了新科举人之外，还有考场工作人员（称为内外帘官）等。明清两代沿袭了唐例，而清代时的鹿鸣宴更为隆重，宴会由省内巡抚所主持，既宴请新科举人，也同时招待考官，席间不仅唱《鹿鸣》诗，还跳魁星舞，规模宏大且场面热闹。自从乾隆五十一年（1786）至此已经一个甲子过去，能重遇鹿鸣宴实为阮元生平又一个盛事。当时担任江南省乡试大监的安徽巡抚王植请示道光皇帝邀请阮元重赴鹿鸣宴。他认为阮元一生为官，久任封疆大吏，备受倚重，历三朝帝王，宣力中外五十余年为官清正，仁爱百姓；作为学者，阮元学识渊博，选拔人才，深受知识分子爱戴，识人善任，士林尊为山斗。道光皇帝接到王植的奏章，不仅立即批准，而且下诏阮元在籍享受全额俸禄，并加恩以太子太保原衔追加太傅衔。他的门生黄赞汤寄联祝贺他说"鸾诏亲襃，历相三朝贤太傅；鹿鸣重宴，同年一榜小门生"，十分贴切。阮元晚年又获此殊荣，这在清代历史上也是罕见的。

心系朝廷

荣归故里的阮元，虽然身在田园，但是心仍系朝廷。道光十八年十一月，钦差林则徐奉命前往广州查禁鸦片。林则徐（1785～1850），字元抚，又字少穆、石麟，晚号竢村老人、竢村退叟，谥号文忠。则徐之名、字的来源也很有意思：则，是取"君子是则是效"之义。徐，指巡抚徐嗣曾，新任福建巡抚徐嗣曾是一个清官。元抚即以巡抚徐嗣曾为榜样的意思。少穆、石麟，据程恩泽《题林旸谷年丈饲鹤图遗照》诗及注的解释，林则徐出生那天晚上，其父林宾日"梦中亲见凤凰飞"，这使他立即联想到有"天上石麒麟"之类的南朝才子徐陵（字孝穆），以为是吉兆，因此在给儿子取名"则徐"之余又给字少穆、石麟。

林则徐早年家境贫寒，受过良好的教育。嘉庆十六年赐进士。在为官四十年中，他"经世自励"，廉洁奉公；又重视水利事业，救灾赈民。他最大的功绩是领导了中国历史上轰轰烈烈的禁烟运动——虎门销烟，指挥了抗英斗争，维护了国家主权和民族的尊严，成为中国近代史上第一位民族英雄和爱国者。同时，他编译《四洲志》等外文书籍、资料，开创了中国近代学习和研究西方的风气，是中国近代维新思想的先驱。道光十九年（1839）二月，林则徐与邓廷桢、怡良等共同传讯十三洋行，发谕帖二件，责令洋商转告鸦片贩子，遵照条令，限期缴烟。四月二十日，林则徐将收缴的二百八十三箱鸦片于虎门销毁，由此引发了震惊中外的鸦片战争。道光二十年五月，英国的东方远征军悍然驶入中国领海，直抵广州洋面，由于林则徐的积极防御，英军见无隙可乘，便改道北上，直逼京畿，昏庸的清政府被迫签订了丧权辱国的《广州和约》。当阮元看到邸报，得知清军全线溃败的消息后，非常气愤。于是，他总结在总督两广时对付英人和洋商的经验，提出"以夷制夷"的建议，并函告当时的两江总督伊里布，请求代为上奏朝廷。伊里布随即将阮元的建议密陈道光皇帝，并且附言："且以招抚英夷与驱策米夷两事相较，亦属此善于彼，阮元之策似亦不为无见。唯米夷能否制服英夷，是否肯为我用，此外有无窒碍之处，奴才未能深悉，即阮元离粤多年，亦恐不无今昔之异，理合附片密陈，上求宸断。"然而，此议始终未能得到道光皇帝与朝廷的明确表态，阮元的一腔报国之心付之东流。

道光二十一年七月四日，英军舰队在璞鼎的率领下，连克厦门、定海、镇海、宁波，江苏巡抚兼两江总督的裕谦殉难，江南为之震动。扬州官绅士民在阮元的倡议下，联名写信两淮都转盐运使沈拱辰，建议招募乡勇，抗击英夷，保乡安民，但是遭到沈氏的拒绝，认为这是阮元的荒谬之论而不足议。次年六月七日，当英军舰队进入镇江瓜洲江面时，当时担任两淮都转盐运使的颜崇，在英军扬言血洗扬州城的威胁下，竟然招集众官，商议献金求和。而这时已退居扬州北湖的阮元，闻此消息，虽然心急如焚，但是终无回天之力了。虽然如此，阮元身系朝廷之心，始终未能泯灭，直到他在行将走完人生之旅的弥留之际，还念念不忘上奏朝廷，并为道光皇帝条陈"靖边陲""裕储积""兴水利""厚民生"的四大方略。其遗折上说："当今圣世，重熙累洽，纲举目张，虽连年东南水患频仍，群黎待拯，皇仁宽大，发帑赈饥，嘉惠元元，至优极渥，保邦之道，莫要于斯。臣愚伏愿皇上治益求治，安益求安，勤抚驭以靖边陲，谨盖藏以裕储积，修河防以兴水利，严捕务以厚民生。臣待尽余生，语无伦次，不揣冒昧，用陈数端，伏惟圣主慈鉴，则臣从此长辞圣世，毫无遗憾。"

金石情结

阮元官运亨通，学术成就斐然，他还有一个特别的爱好，那就是搜罗金石碑刻。他一生与金石碑刻结下了不解之缘，从初任学政，巡抚浙江、江西、河南三省，总督湖广、云贵，直到荣归乡里，怡志林泉，始终没放弃对金石碑刻的搜集、整理与孜孜探求。

乾隆五十八年，阮元被乾隆皇帝任命为山东学政。当时担任山东学政的是大名鼎鼎的翁方纲（1733~1818），他是乾隆十七年（1752）的进士，官至内阁大学士。曾主持江西、湖北、江南、顺天乡试，又曾经担任过广东、江西、山东的学政，官至内阁学士。翁方纲精于考据、金石、书法之学，又是清代"肌理说"诗论的倡始人，编写过《两汉金石记》。书法学习欧、虞，谨守法度。尤善隶书，与刘墉、梁同书、王文治齐名，世称"翁刘梁王"。也有人将他与刘墉、成亲王永瑆、铁保并称为"翁刘成铁"。阮元早年曾得到过翁氏的提携，自称为翁的弟子，而且对金石文字同样具有浓厚的兴趣。这次在山东济南与翁氏相遇，心中分外高兴，在交割完公事之后，翁氏与阮元便将话题转向了金石文字。原来，在秦始皇统一天下后，废除了混乱的六国文字，推行秦国流行的小篆字体，因此，小篆也被称作秦篆。传世的秦篆中以《泰山刻石》与《琅邪台刻石》最为著名，可是时间久远，流落何处，世人莫晓。翁氏到山东担任学政之后，一直在查访早已失传的琅邪台秦篆石刻，可是始终没有结果，这次即将离任，所以他希望阮元继续为他寻觅。

金石之学，是中国考古学的前身，是中国学术史的一个重要部分。它的研究对象是古代遗存下来的铜器与石刻，与传世的文献相比较，金石是保存古代历史文化的第一手资料。早在宋代就开始受到学者的重视，如传世的便有《考古图》《宣和博古图》《金石录》等等。清代乾嘉时期，由于经学考证的需要，为了寻觅第一手证据，对金石的探访和搜辑一时成为学者的风尚。如毕沅巡抚陕西、河南时编有《关中金石记》《中州金石记》，翁方纲视学广东，辑有《粤东金石略》。所以，阮元也决心步毕沅、翁方纲二位前辈的后尘，写一部《山左金石志》。

山东原是孔子的故乡，秦汉魏晋六朝的一些重要石刻也都遗存在山东境内各地。但是大部分石刻已荡然无存，而仅知的泰山秦篆石刻已于乾隆三年（1738）毁于火灾，之罘石刻坠入

120

于海而难以寻觅，福山秦碑也只闻其名而不见其踪迹。阮元到任后，首先利用检查山东境内各地教育的机会，遍访老人，广为搜集金石文字。当他得知琅邪台秦二世石刻还存于世的消息后，立即委派学官、生员积极寻访，终于在杂乱丛生的草木中获此刻石并请人剔刷打碑拓得原本。阮元见此拓本，高兴得手舞足蹈，为此专门写了一首二十六韵的长诗以记其事。诗中的最后两句写道："得此足以豪，神发忘食眠。更思寄同好，南北翁孙钱。"这里所说的"南北翁孙钱"，即指翁方纲、孙星衍和钱大昕。

寻觅琅邪台秦篆石刻成功的经验，阮元更增强了对搜集金石文字的信心。如教授颜崇规、县尉冯策向他举报发现鲁孝王墓二石人，阮元即命他们洗拓其文，当他了解到此石尚未被山东滋阳人、雍正进士牛运震收录于《金石图》时，便觉有了一份意外收获。又如当时青州有一个叫段松铃的廪生，他精于金石之学，阮元得知后就请他在各地寻访碑刻，段氏领命后，即带领一些专门从事拓碑的工匠辗转山东各地，得"拓数百纸，及获前人未及收者又数十本，辇致以归"。再如《晋任城太守孙夫人碑》，原碑始立于西晋武帝泰始八年（272）的山东新泰县新甫山中，碑首下有穿，额隶书阴刻"晋任城太守夫人孙氏之碑"。碑文主要叙述了晋吏部尚书孙邕之女、任城（济宁）太守之妻孙夫人慈孝贤良的美德。该碑笔势谨严，笔画方劲厚重，文辞古雅，是研究晋代书法和镌刻艺术的宝贵资料。魏晋时期，撰写碑文活动往往被禁止，所以流传下来的晋代石碑很少，到了宋代几已无传本。宋代大文豪欧阳修与金石学家赵明诚都有"晋碑难求"的感叹。乾隆五十八年，浙江杭州人江凤彝在新泰县新甫山访得该碑，不久将它移往新泰县学内。当时江氏邀请著名书法家黄小松为其初拓本撰写了介绍文字，又请钱大昕、王昶、孙星衍、武亿、桂馥、洪亮吉、王引之、伊秉绶、陈鹤寿、翁方纲、阮元等名流分别作题记。阮元得后也将该碑拓文收入自己编写的《山左金石志》一书中。

正是在广泛搜集刻石的基础上，阮元准备编写一部反映山东金石的书，因为古代山东在太行山之左，别称山左，所以将书名取为《山左金石志》。乾隆五十九年，毕沅由湖广总督转任山东巡抚。毕沅曾是阮元词馆前辈，是当时学界的领军人物，钱坫、孙星衍、洪亮吉、邵晋涵、章学诚、凌廷堪、武亿、汪中等著名学人先后入其幕府。毕沅莅任不久，阮元请他领衔主编该书。毕沅以年老政繁推辞，希望阮元亲自担任主编。乾隆五十九年十二月，阮元在济南约请了朱文藻、何元锡、武亿等人编写《山左金石志》，历经一年，于嘉庆元年编成。该书收录了山东一地古代自商周至元代的石刻碑碣、钱币印章、墓志等拓本一千三百余件，总数量是毕沅的《关中金石记》《中州金石记》的三倍。全书按年代先后顺序排列，还依次对各种刻石的文字、书法及内容中所涉及的相关史迹进行了考证。所以该书出版之后，阮元即告知他的好朋友王引之说："此书若成，颇有可观。"

自那以后，阮元对金石文字的搜集、研究乐此不疲。如在做浙江学政的时候，又依照《山左金石志》的体例，荟萃了两浙地区所见秦汉至元代的吉金、石刻等资料，编写了《两浙金石志》《积古斋钟鼎款识》等。在做云贵总督的时候，又访得被世人称为"六朝碑版之冠"的《爨龙颜碑》，并且拓得《南诏德化碑》的拓本，于是命他的儿子阮福编写了《滇南古金石录》。《积古斋钟鼎款识》在当时也很有影响，唐兰在《中国文字学》中评谓："从阮元作《积古斋钟鼎款识》，并且刻入《皇清经解》以后，款识学盛行一时，成为汉学的一部分。"容庚先生《清代吉金书籍述评》认为："此书是研究清代所见古铜器铭文的头一部书，起了领导作用。"

阮元晚年，虽然被荣升为体仁阁大学士，地位相当于宰相，但是已不再得到道光皇帝的重用，犹如一位赋闲在野的太平宰相，于是他便把更多的精力投入到碑版刻石中，沉醉于钟鼎彝器的研究。一次，他的门生梁章钜向他出示了新得《西岳华山庙碑》的关中拓本，并希望阮元为此题字。《西岳华山庙碑》是汉碑中较重要的一种，历来书法家和学者对它有很高的评价。汉朝延续了秦朝的制度，朝廷官方文书以秦篆书为主，民间及下层官吏以隶书通用。因为隶书比秦篆容易书写，而且使用方便，这也促使官方在诏书、金石刻辞及官方文件中广泛地使用，从而推动了文字的发展，使隶书成为汉代的主要书体。汉代流传下来的隶书主要分两类：一类是墨迹，书写在帛书、竹木简牍上，书写时间贯串于整个西汉东汉。如湖南长沙马王堆出土的帛书《老子》，山东临沂银雀山出土的《孙膑兵法》，湖北江陵凤凰山出土的木牍，甘肃居延、武威、敦煌出土的竹木简牍等几十万字隶书。另一类是碑刻，除了《杨量买山地记》《五凤二年刻石》《麃孝禹刻石》等少量属西汉刻石外，大量为东汉碑刻隶书。《西岳华山庙碑》刻于东汉延熹四年（161），碑原立在陕西华阴县西岳庙中，明嘉靖三十四年（1555）毁于地震。道光初年，卢坤担任陕西巡抚，命刻工重新摹刻《西岳华山庙碑》，立于华山庙中。当时传世的《西岳华山庙碑》拓本，主要有刘墉收藏的长垣本、梁章钜所得的关中本和阮元自己珍藏的四明本三种，其中除了长垣本为宋朝拓本外，其余均为明朝拓本，可惜长垣本原物已流入日本。此番阮元看到梁章钜送来的《西岳华山庙碑》关中本，欣喜万分，不由得想起了嘉庆十五年，他曾经将这三种拓本做了研究，并且撰写了《汉延熹西岳华山碑考》一书，详细介绍了该碑的来龙去脉。如今又看到学人二十多年来对它收藏、研究持久不衰，叹为观止，认为是金石学研究领域中的特大盛事，于是欣然为梁章钜所藏关中本作了题跋。

道光十六年（1836）又值恩科会试，各省举人纷纷来到京城，其中有一个叫许瀚的举人，他是山东日照人，是王引之的门生，而阮元则是王引之的座师，所以，许瀚在阮元面前称自己为小门生。许瀚也是一个金石迷，时常与龚自珍、陈介祺、汪喜孙等人讨论研究金石拓本。许瀚到北京后，常常与陈、汪等人来阮元官邸拜访。阮元也很欣赏许瀚，往往一见面便讨论金石文字。嘉庆十八年，阮元曾经在书画家宋葆淳那儿购得著名的齐侯罍铜壶，并请友人朱为弼帮助识别其中的铭文。而巧合的是许瀚对此也有研究，并写有《周格伯簋考释》《齐侯罍铭考释》等文章，于是两人更为投缘。后来何绍基、龚自珍、陈庆镛、徐懋、吴式芬也积极参与有关齐侯罍的讨论，他们或作考证，或作长诗。如阮元识出铭文中"韶夏"二字，考证出此青铜器为韶乐夏舞而制，何绍基又考证为"齐孟姜壶"，阮元又作《齐侯罍歌》记其事，一时传为佳话。

说起齐侯罍，相传该青铜器是春秋时期齐侯为田洹子之父所做的祭器，颈部内壁有铭文一百四十二字。铭文记述田洹子之父死后，齐侯请命于周王，为死者举行多种典礼。齐侯罍在清中期为金石学界所公认的青铜大器，与毛公鼎、散氏盘齐名。但是时过境迁，由于拓本难寻与铭文难解，它已经渐渐地从人们的视线中消失。现在都倾向叫"齐侯壶"而不是齐侯罍，其他称谓也很多，有称它为"陈恒子研"的，郭沫若、杨树达称它为"洹子孟姜壶"，罗振玉、福开森、严一萍等则称它为"齐侯壶"。传世的齐侯罍共有两件，其铸当为同时，惟两罍铭文字数不同。一为一百六十六字，一为一百四十二字，后分别由吴式芬、吴云以及苏州贝氏所收藏。其中吴云在清中期名闻海内的斋名"两罍轩"，就是以这两件齐侯罍命名的。

道光二十二年，年届七十九岁高龄的阮元，在扬州文选楼设宴款待钱泳、梁章钜二位"金石知己"，将自家所收藏的钟鼎古器给他们鉴赏。三人中钱泳时年已八十四岁，梁章钜最年少，但也有六十九岁了，三人雅趣相同，情致很高，街坊中也流传着"三老一堂，而摩挲三代法物"的趣闻逸事。

山东的金石文字是研究经学不可缺少的原始资料。如阮元就利用金石考证出郑文公碑中所记"羲使宋国一事，填补了历史上的空白。又如他考释"散氏盘"时，就以《尚书》中"散氏宜生名考"为据，并对《大戴礼记》中的"帝尧娶于散

125

宣氏之子，谓之女皇氏"的姓氏错误作了更正。后来他对儒家经典的校勘，大多仰赖于汉、唐、宋三朝残留的金石文字，取得了很大成就，从而开辟了"考古证经"的新领域。此后，刘喜海的《清爱堂家藏钟鼎彝器款识法帖》、方浚益的《缀遗斋彝器款识考》、吕调阳的《商周彝器释铭》等纷纷问世，他们或受其影响，或仿其制，共同为清代的金石学研究做了大量工作，客观上保存和宣传了古代的文化，奠定了中国近代考古的基础。

南书北碑

阮元不仅在传统经学、史学、文学以及金石学等众多学术领域辛勤耕耘，卓有建树，而且他还十分酷爱书法艺术，尤其是他编写的《南北书派论》和《北碑南帖论》，为清代书法的发展指明了方向，开启了清代书法流派的先路。

书法是中国历史悠久而又最具有群众基础的艺术，它以汉字特有的线条和书写规律，表现出丰富多彩的笔法、章法和笔势，反映人们的气质、情趣和审美理想，是我们的祖先在长期实践中不断美化书写形式、进行艺术创造的成果，在传统文化中具有极为尊崇的地位，受到中国人民普遍的喜爱，也是其他艺术形式所不能取代的中国特有的传统艺术。

在中国书法史上，商周战国时期人们用刀刻写在龟甲兽骨上的文字和刻在钟鼎等铜器及兵器上的铭文，已具有书法艺术的一些特征。秦代的书法以《石鼓文》最有代表性，这是唐初在陕西凤翔出土的十块刻石，每块高约三尺，直径二尺许，四周刻有文字，记述秦国君游猎的盛况，原文七百余字，现存二百余字。字体为用笔圆转的大篆，排列工整，为当时通行的馆阁书。秦统一全国后，以河西文字为基础，削繁就简，制作小篆，通行全国。1975 年，湖北云梦秦简的发掘，说明隶书已经在秦代兴起，隶书较篆书曲线圆转，容易书写。汉代的书法以隶书为大宗，擅长写隶书的令史，称为"史书令史"，所以汉代人又称隶书为"史书"，除了少数刻石和符玺、印信还沿用篆书外，隶书已成为汉代通行的文字。东汉末年，隶书又有了点、撇、钩、捺等书法，并逐步形成了正楷，即所谓"今隶"。"今隶"以结体方正、用笔劲直为其特点，表现出劲直、纤劲、华美、平展、雄放、恬逸等各种风格。

魏晋书法在承汉代书法的基础上又有进一步发展，尤其是晋代的书法，可与唐诗、宋诗、元曲相提并论，一百五十多年间，涌现出书法家达二百多人，可以说是中国书法艺术的顶峰时期。最具代表的如著名的魏碑，用笔和结构都有新的创造，书写豪放奇伟，生动活泼；特别是王羲之的楷书《黄庭经》《乐毅论》、草书《十七帖》、行书《姨母帖》《快雪时晴帖》《丧乱帖》《兰亭集序》《初月帖》等。其中，《兰亭集序》为历代书家所敬仰，被誉作"天下第一行书"。王兼善隶、草、楷、行各体，精研体势，心摹手追，广采众长，备精诸体，冶于一炉，摆脱了汉魏笔风，自成一家，影响深远。其书法平和自然，笔势委婉含蓄，遒美健秀，后人评曰："飘若游云，矫若惊龙""龙跳天门，虎卧凤阁""天质自然，丰神盖代"，被后人誉为"书圣"。

隋唐书法伴随碑书的复兴，又一次出现新的高潮。表现在艺术上追求刚健雄强之美，一改东晋南朝平和柔媚的风韵，形成唐代书法的特色。如著名书法家欧阳询的书体，结构平正精密；草书大家张旭，笔势奇伟飞动；颜真卿的正书，矫健雄伟；柳公权的用笔秀丽劲媚；怀素的"狂草"气度恢弘。他们都在书法史上开创了新的境界，对后世有深远的影响。

宋代书法有著名的"四大家"蔡襄、苏轼、黄庭坚、米芾，偏重"意"的自由发挥，强调抒发个人情感，然而书法基本上以帝王的好恶、权臣的书体为转移的格局，影响和限制了宋代书法的发展。

元明两代的书法，基本上沿着魏晋唐宋的风格发展，书法家众多，个人成就也有超过前人的，但没有出现开创性的大书法家，所以元明的书法已无法超越魏晋了。

清代是一个书法变革的时代，书法艺术得到了一些帝王的提倡。如清初康熙皇帝酷爱赵涵的书法。相传康熙皇帝的母亲对书法颇有研究，尤其喜欢当时书法大家赵涵的一些字帖，便让康熙学习。康熙也乐此不疲，学习了一段时期后康熙觉得差不多了，便试着上街写字。一天，他以秀才的身份去周至县城私访，在大街上铺开纸张，挥笔写到："莺归燕去长悄然，春往秋来不知年"。因疏忽把悄然的"然"字丢了上边的一点，尽管如此他依然沾沾自喜，对着众人道："听说周至有个赵涵字写得不错，诸位看我的字与赵涵比谁居其上？"话音刚落，一位老者提笔在那个"然"字上添了一点，这一点点得不偏不倚，恰到好处。康熙见状惊问："请问老先生尊讳?"人群中有人搭话："他就是我们周至的赵涵!"听说是赵涵，康熙立即请他到酒家，席间便请教起书法来。赵涵也不客气，从运笔到布局，从揣摩到腹稿，讲得头头是道。康熙听了如醉如痴，不住地称奇："先生造诣颇深，教诲之言当为师训。"从此也坚定了他学习赵涵书法的决心。分手时，康熙道出了自己的身份，并请赵涵进京称臣。赵涵听说是皇上驾到，吓得连连叩头："万岁明鉴，恕小人无礼!"

又如乾隆皇帝自幼就接受汉族传统文化教育，四书五经，诗词歌赋，书法绘画，无一不精，文化修养很高。大学士梁诗正等人称赞说："皇上性契义爻，学贯仓史，每于万机之暇，深探八法之微。宝翰所垂，云章霞采，凤翥龙腾。综百氏而集其成，追二王而得其粹。又复品鉴精严，研究周悉，于诸家工拙真赝，如明镜之照，纤毫莫遁其形。仰识圣天子好古勤求，嘉惠来学，甄陶万世之心，有加无已。"乾隆的书法从学习赵孟頫入手。赵孟頫（1254~1322），字子昂，号松雪道人，又号水精宫道人、鸥波，中年曾作孟俯，吴兴（今浙江湖州）人士，故又称"赵吴兴"。元代著名画家，楷书四大家（欧阳询、颜真卿、柳公权、赵孟頫）之一。宋太祖赵匡胤十一世孙，秦王赵德芳之后。元至元二十三年（1286），行台侍御史程钜夫"奉诏搜访遗逸于江南"，赵孟頫等十余人被推荐给元世祖忽必烈，初至京城，赵孟頫立即受到元世祖的接见，元世祖赞赏其才貌，惊呼为"神仙中人"。

乾隆虽然欣赏赵孟頫的书法，且心慕手追，身体力行，但从传世的乾隆书迹看，他的字字体稍长，楷书中多有行书的笔意，行书中又往往夹杂着草书的韵味，点画圆润均匀，结体婉转流畅，缺少变化和韵味，并无明显的成就，这或许正是体现了盛世帝王的气度，所以有人称他"虽有承平之象，终少雄武之风"。

清代中期，书法渐渐为碑学所取代。在这个转折时期，阮元以其显赫的政治和学术地位，对清代书学的形成和发展起着至关重要的作用。嘉庆十六年（1811）七月，阮元四十八岁。正是这一年，阮元因为刘凤诰事件被免去了浙江巡抚的官职，在京静候发落。阮元利用这样一个机会，将自己学习书法艺术的体会编写了《南北书派论》和《北碑南帖论》两篇专论书法艺术的文章。文章首先从中国书法史的角度考察，将中国的书法分为碑与帖两大流派。他提倡书法要"溯其源""返于古"，认为汉代的隶书是学习书法的重要一环。在他看来历史上书法演变，虽然流派层出不穷，名家辈出，但是正书、行草都是由汉代的隶书演变而来，因而要特别重视书法在汉末、魏晋之间的演变。阮元又从文字发展演变的角度，进一步论述了正书、行书与隶书的渊源，强调汉碑的"古法"，主张书法要以这种"古法"为宗，反对靡弱的俗书。

阮元非常崇尚北碑。北碑，是中国古代南北朝时期北朝文字刻石的通称。北朝包括北魏、东魏、西魏、北齐、北周，而以北魏为最，故又称为魏碑。魏碑上承汉代的隶书，下启唐代的楷书，是一种过渡性的书体。它与隶书相比则简捷而得其沉雄，与唐楷相比则更丰厚刚健，是一个可以开发的书法艺术宝库，在中国书法史上，一直受到书家的重视。因此，阮元从南北两派书法作品的流传上来说明北碑比南帖更为可靠、更接近原来的真面目，认为后世流传的晋人那种将古代著名书法家的墨迹经双钩描摹后，刻在石板或木板上，再拓印装订成帖的法帖，都是经过钩摹而已非原样，而北碑之刻皆为原刻，仅次于真迹。所以，他对被后世誉为中国法帖之冠和"丛刊帖始祖"的《淳化阁帖》最为鄙视，认为此帖"全将唐人双钩响拓之本画一改为浑圆模棱之形，北法从此更衰矣"。他推重北碑，是为了追求具有雄强古朴之美的书法，这也适应了清代中期书法艺术振衰求变的需要。

阮元不仅推崇汉碑、北碑，而且还竭力推崇唐碑。他在《颜鲁公争座位帖跋》一文中认为：唐人的书法多渊源于隋朝，而隋人的书法多渊源于北魏、北齐。因此不了解魏、齐碑石，就无法探索欧阳询、褚遂良等人书法的由来。自从宋人崇尚《淳化阁帖》后，北朝书法逐渐被世人遗忘。阮元还考证了北魏《张猛龙碑》，认为该碑后面写有几行书，可以证明唐人的书法直接继承了北魏北碑，而不是传统观念认为来源于"二王"。阮元这一唐代书法取自北碑的观点，不仅被当时书家赞为"真为确论"，而且对清代后期书家师法唐碑、北碑书法风气的盛行起到了极大推动作用。总之，他在肯定书法史上存在两派的同时，主观上偏向北派，他认为，北派是中国书法的主流。在论述两派的风格时，他认为，魏晋南北朝之间已出现地域书风的明显差异，并将南北风格作出新的总结。

阮元不仅对古代书法有着独到的见解，而且自己也擅长书法艺术。如阮元曾经专心师法过《百石卒史碑》（《乙瑛碑》），他所写的隶书，有着厚重浑穆、端庄博大的特色，又能在厚重中透出灵动，与邓石如、伊秉绶、桂馥的隶书有很多相同处。其字体偏长，时用横粗竖瘦的笔法，具有自己的特色。又如阮元的篆书，其特色是方正坚劲，又受到《天发神谶碑》以方笔作篆的启发。《天发神谶碑》也叫《天玺纪功碑》《吴孙皓纪功碑》，相传为皇象所书。公元264年，三国吴孙皓继帝位，由于他残暴昏庸，政局日益不稳。276年，改元天玺。为了稳定人心，佯称天降神谶文，以之为吴国祥瑞，刻碑于一巨大的矮圆幢形石上，立于江宁（今南京）天禧寺。后碑石断为三截，故又名《三截碑》。也有说此碑乃三石垒成，非是断裂。清嘉庆十年（1805）三月，此碑毁于火灾。其书法起笔方重，有隶书笔意，转折处则外方内圆，下垂处呈悬针状，森森然如武库戈戟，凛然不可侵犯。而阮元的篆书，人称"郁盘飞动，间仿《天发神谶碑》，尝书学海堂匾二，一悬堂中，一悬文澜讲院，前后不同，如出一辙，则法度存也"。今传世的阮元用篆书书写的条幅如"素襟不可易，清琴时以思""《礼记》曰期颐易卦之颐口自实，《左传》云养福书范之福身其康"等都能见此类风格。

阮元的行书和楷书，早年受董其昌书法影响较大。清代书法往往是受到科举殿试制约的，清廷规定，新科进士殿试用大卷，朝试用白折，阅读者只重楷书，乃置文字于不顾，一字破碎，一点污损，都将导致失去翰林的资格。所以，阮元为了"跃龙门"，早年练就了非常严谨、规矩、端正、秀劲的楷书和行书。从其早期作品来看，书风超逸、端庄、工整，不论是结体还是用笔，都相承董法，并没有自己的特色。嘉庆以后，阮元在倡导碑学的同时，不但致力于汉碑，而又致力于唐碑，书风为之一变，使自己的书法观与书法创作达到了新的高度。其书法具有圆转笔法增多、结体上融入隶书、字形稳重而含蓄、线条苍劲、浓淡枯湿变化等特点。

阮元的书法理论与书法实践，对清代书法艺术的复兴有着举足轻重的作用。从他倡导碑学起，晚清的书法出现前所未有的新局面，具体表现为：一是提倡师法汉碑，使隶书、篆书书法创作达到空前的繁荣；二是主张师法唐碑，以碑学观念来研习欧、颜、柳式的传统楷书和行草，使汉魏以来的书法艺术有了新的突破；三是崇尚北朝碑版，确立了以"金石气""质朴美"为风尚的新的书法审美观，在表现形式上创立了新的书法范式；四是强调碑帖一体化，书法家们或立足于碑学，对帖学加以重新审视，或立足于帖学对碑版加以改造，最终出现了碑帖融合的新风格。

《文选楼丛书》

阮元的晚年，虽然政治上无所作为，但是他的文化生活却依然充满活力，传递薪火，矢志不渝。

当时在扬州集结了一大批后起的汉学精英，如仪征刘文淇、刘毓崧父子，宝应刘宝楠、刘恭冕父子，江都梅植之、梅毓父子和罗士琳，泰州田宝臣，丹徒柳兴恩，句容陈立，泾县包世臣、包慎言等。尤其是刘文淇、刘宝楠、梅植之、包慎言、柳兴恩、陈立，他们同在道光六年（1826）的金陵乡试中落选，于是六人共游镇江金、焦二山，并且相约各自研究一经。如刘文淇治《春秋左氏传》、刘宝楠治《论语》、柳兴恩治《春秋穀梁传》、陈立治《春秋公羊传》等。他们或是阮元的弟子、门生，或是阮元门生的门生，他们与阮元朝夕相聚，请益学问，使阮元晚年文化活动丰富多彩。其中，柳兴恩对《春秋穀梁传》的研究，更受阮元的青睐。

柳兴恩（1795~1880），字宾叔，江苏丹徒人。道光十二年（1832）江南乡试第七名，因主考官汤金钊是阮元的门生，所以柳兴恩自称是阮元的小门生。他曾有感于《皇清经解》所收"春秋三传"中独缺《穀梁》一传，于是发愤研究《穀梁传》，终于编定成"集其大成"的《穀梁大义述》。道光二十年，全书写毕，他渡江至扬州，以文稿请阮元评阅。阮元看后赞叹不已，认为此书"扶翼孤经"，可以补充《皇清经解》的缺憾事，并亲自为之作序，向学术界积极推荐。他在序中说："道光十六年，始闻有镇江柳氏学《穀梁》之事。二十年夏，柳氏兴恩挟其书渡江来，始得读之，余甚惜见之之晚也。亟望礼堂写定，授之梓人，与海内学者共之，是余老年之一快也。兴恩为余门生之门生，贫而好学，镇江实学敦行之士也。"为了扶持后学，阮元在自订《揅经室再续集》时，将此序冠于卷首，同时聘请柳兴恩为他家的家庭教师，为自己的孙儿与外孙讲授经学，可以说柳兴恩是阮元晚年的学术知己。

又如刘文淇所撰写的《项羽都江都考》一文，提出西楚霸

134

王项羽曾经想把国都建在江都的新说。根据历史记载，秦始皇完成了全国一统的大业后，由于他的残暴统治，很快就出现全国性的军事抗暴运动。公元前 206 年秦朝灭亡，于是各路军事势力聚集咸阳，一致推选项羽为领袖，协商重新瓜分土地。项羽自称西楚霸王，一切听从他的分配，他把天下分割为十八个国家，由他指定每一个国家的国都。到四月，协商大致成功，各诸侯回到各自的国都。《史记》记载这一段历史的文字叫《秦楚之际月表》，刘文淇发现元代的一种《史记》版本中的《月表》的第三格中记载除写有项羽自立为西楚霸王外，另有"都江都"三字，而一般史书都说项羽回到的国都不是江都，而是彭城（今徐州），所以刘文淇考证出项羽曾经想把国都建在江都，而刘文淇的这一发现就是在阮元直接指导下完成的。

这时期，特别值得一提的是阮元与龚自珍的交往。龚自珍（1792~1841），字尔玉，一字瑟人，更名易简，字伯定，又更名巩祚，号定庵，浙江仁和人，是乾嘉著名学者段玉裁的外孙。曾发奋读书，锐意进取，先后参加了多次乡试和会试。虽然最终在道光九年考中了进士，但"冷署闲曹，俸入本薄，性既豪迈，嗜奇好客，境遂大困，又才高动触时忌"，道光十九年四月，毅然辞官离京南归。五月抵扬州，婉辞亲朋好友的款待，直趋"福寿庭"拜谒赋闲在家的阮元。早在道光三年，适逢阮元六十大寿，当时阮元正在两广总督任上，龚自珍在北京闻说后，亲撰一篇寿序（《阮尚书年谱第一序》），以示庆贺。《序》中对阮元的人品学问推崇备至，而阮元也被龚自珍的才气横溢和豪迈性格折服，所以，这次阮元在家乡与龚自珍相

135

见，自然是他晚年的一大幸事。他们谈论国家命运，谈论当前时局，谈论学术发展，可谓心心相印，相见恨晚。史载："阮文达居扬州，有以鄙事相浼者，辄佯装耳聋以避之，独龚定庵至，必剧谈，恒罄日夕，且时周给之。或为之语曰：'阮公耳聋，见龚则聪；阮公俭啬，交龚则阔。'阮、龚闻之，皆大笑。"论年辈，阮元年长龚自珍二十八岁，龚自珍尚属晚辈，但是从上述记载来看，这一老一少并未因年龄的差异而彼此有所隔阂，相反阮元却视其为世交故友，而龚自珍在这老人面前，也无半点造作，侃侃而谈，直叙心肠。龚自珍有《已亥杂诗·重见予告大学士阮公于扬州》诗，赞扬阮元为西汉传述尚书学的大儒伏生："四海流传百轴刊，皤皤国老尚神完。谈经忘却三公贵，只作先秦伏生看。"

阮元自从乾隆二十五年刊刻了他的成名作《考工记车制图解》二卷后，便对编书、校书、刻书情有独钟，退休后更是乐此不疲，如前文提到的整理《诗书古训》、刊刻《旧唐书》。在阮元晚年的文化生活中，对后世影响最大的，当数他刊刻的《文选楼丛书》。丛书在中国古代文献中占有重要的地位，对保存古籍发展文化曾起过积极的作用。丛书是将原属单本刊行的书籍，汇编成为一部数量众多的大书。以"丛书"为书名，见于唐代陆龟蒙的《笠泽丛书》，但是据作者介绍，此指丛脞之书，取细粹之义，与我们今天所说的丛书含义不同。明代程荣收辑汉魏六朝诸家之书，汇刻为《汉魏丛书》，则名实相符。清代汇刻丛书之风特盛，其标志性的就是《四库全书》的编写。乾嘉之际，私人刊刻丛书也蔚然成风。如黄丕烈的《士礼居丛书》、孙星衍的《岱南阁丛书》、卢文弨的《抱经堂丛书》、胡廷的《琳琅秘室丛书》等，都以精校精刊享盛名于世。道光二十二年，阮元目睹生前所刻之书日渐稀少，雕版残缺不全，忧心如焚。如由他资助刊刻的焦循著作，在焦循病逝后，他的遗稿和各种书雕版也为后裔或卖或藏，难觅踪影。为了使这些学术价值较高的著作得以保存，同时为了使自己的著作和部分师友的著作得以传世，阮元命从弟阮亨刊刻《文选楼丛书》。

历史上的"文选楼"有两处。一在今天的湖北省襄阳县，南朝梁昭明太子萧统所建，因召集了刘孝威、庾肩吾等十余人，在此编辑《昭明文选》，故名。一在今天的江苏省扬州市，旧称萧统读书处，其实就是隋朝曹宪的故居，曹宪以《文选》教授学生，故称他的所居之巷为"文选巷"，所居之楼为"文选楼"。阮元居文选巷，建楼五间，题名"隋文选楼"，一方面是用以纪念曹宪，一方面作为私人藏书之所，所辑书名为《文选楼丛书》。据阮元《文选楼藏书记》记载，当时所藏之书达二千五百余种，大多为宋、元、明人的著作，这为阮元汇刻《文选楼丛书》创造了有利的条件。

《文选楼丛书》初拟刊刻书目三十二种，可惜三十二种尚未刊刻印毕，阮元遽归道山。丛书虽然仍由阮亨继续刊印，但终因人力、财力不济，勉强完成了初拟的三十二种后，便不再继续刊刻。现在我们能见到的主要有以下几种：《礼经释例》十三卷、《诂经精舍文集》十四卷、《考工记车制图解》二卷、《李氏遗书》十五卷、《畴人传》四十六卷、《钟鼎款识》十卷、《仪郑堂文集》二卷、《述学》二卷、《溉亭述古录》二卷、《华山碑考》四卷、《八砖吟馆刻烛集》三卷、《小沧浪笔谈》四卷、《定香亭笔谈》四卷、《广陵诗事》十卷、《地球图说》一卷、《雕菰楼集》二十四卷、《密梅花馆集》二卷、《小琅嬛丛记》《呻吟语选》二卷、《揅经室诗录》五卷、《淮海英灵集》二十四卷、《石渠随笔》八卷、《恒言录》四卷、《愚溪诗稿》一卷、《安事斋诗录》四卷、《仿宋画列女传》八卷、《山左金石志》二十四卷、《揅经室全集》四十五卷《续集》十一卷、《石经仪礼校勘记》四卷、《周无专鼎铭考》一卷、《七经孟子考文补遗》二百卷。这些著作中，阮元个人的著作居半数，焦循和凌廷堪的著作又居一半。可见《文选楼丛书》主要是刊刻扬州学者的著作，体现扬州学者的学术精华。

道光二十三年（1843），由于邻居住宅着火，殃及阮元居所"福寿庭"，福寿庭所藏图书毁于一旦。时至咸丰年间，扬州地区成为清军与太平军厮杀的战场，文选楼中大批珍贵书籍几乎散失殆尽，唯《文选楼丛书》仍然得以保存至今。光绪七年（1881），艺林山房又续刊《文选楼丛书》十八种，这对生前孜孜不倦地忙于校书、刻书、出书的阮元来说，也算是值得庆幸的了。乾嘉时期学者洪亮吉曾列举清人钱大昕、戴震、卢文弨、翁方纲、范钦、吴焯、徐乾学、黄丕烈、鲍廷博、钱景开、陶五柳、施汉英等藏书家分为考订家、校雠家、收藏家、鉴赏家、掠贩家。而叶德辉《书林清话》则称"阮文达元《文选楼丛书》则兼收藏、考订、校雠之长者也"。这说明《文选楼丛书》不仅仅是一部扬州学人的著作汇刻，而且还是清代众多精刊丛书中的精品。

阮元从乾隆五十八年初任学政，到道光十八年致仕荣归故里，历经乾、嘉、道三朝，宦海生涯长达半个世纪，被誉为三朝阁老、九省疆吏、一代名儒。然而，阮元对自己一生早有评价，那还是在道光十三年（1833），年届古稀的阮元正在云贵总督任上，便对自己五十余年的宦海生涯和文化学术活动作了一次回顾。他写道：

> 回思数十载，浙粤到黔滇。
>
> 筹海与镇夷，万绪如云烟。
>
> 役志在书史，刻书卷三千。

可以说，阮元的自我回顾，恰如其分地概括了他自己的一生。道光二十九年十月三日，这位乾嘉之际最具影响力的官员和文化巨匠，满怀对人世的眷恋和期待，悄然离开了人间。这年，阮元八十六岁。

第 12 章

社会影响与历史地位

　　阮元是十八世纪末至十九世纪前半期中国学术史的一位重要人物。他五十余年的宦海生涯和他的广博的学识以及广泛的学术影响，都带有几分传奇的色彩。他不但是有清一代的九省疆臣，更是一代名儒，在清代历史上扮演了一个重要的角色。

　　阮元是三朝阁老，一代名相。他为官坚持勤政、廉政，始终以爱民兴利为己任。据《雷塘庵主弟子记》所载：嘉庆十年（1805）五月初五，他向朝廷奏请浙江仁和、钱塘、海宁、余杭、临安、嘉兴、秀水、海盐、石门、桐乡、乌程、归安、长兴、德清、武康十五州县三四月间"阴雨连绵，凝寒积潦，麦豆皆被淋淹，蚕丝更形歉薄"，遵照上谕"认真办理，务令实惠在民，无使一夫失所"，在浙江境内分设粥厂，购米煮赈，选择寺庙搭建临时芦棚，使灾民无雨淋日晒之苦，日赈民数万人而无壅塞之虞。又请求朝廷以杭州、嘉兴、湖州三府所属十五州县之新粮并旧欠地耗缓至秋成后分别征收，以纾民力。同时将官府十五万石大米以平价卖给灾民。道光十三年（1833），时值七十高龄的阮元正任云贵总督，云南突然发生地震，波及自省城至临安、开化等数十个州县，死伤达数千人，倒坍民舍数万。正在赴滇路上的阮元，闻此消息，星夜赶往灾区，并迅速派遣官员分头抚恤救灾。由于及时采取了必要的措施，受灾损失降到了最低程度，史载"滇省老人言，滇省虽易地动，然数十年无此重灾，所幸赈恤不迟，而且实惠，田稻无损，即速丰收，尚可补救耳。"此外，阮元在担任漕运总督时，兴建水利工程，造福一方。如修漳河水闸、江陵范家堤闸、沔阳州龙王庙闸。在他的督促下，"数百里内水患大除"，"万民免沉溺之苦"。同时，他还广办慈善事业，在浙江建"育婴堂"，在杭州建"普济堂"，在广州设立"恤嫠公局"，受到了人们的普遍尊敬，所以他晚年的好友龚自珍称赞他"知人若水镜"，刘毓崧评价他"生平持身清慎，属吏不敢干以私"。这种爱民善政、功德在人的品格，在古代社会也是不多见的，值得肯定。

阮元是一代名儒，清代乾嘉学术的护法者和总结者。梁启超说："嘉庆间，毕沅、阮元之流，本以经师致身通显，任封疆，有力养士，所至提倡，隐然兹学之护法神也。"阮元在任职期内，提倡经学，推崇许慎、郑玄为代表的汉学，兴办诂经精舍与学海堂培养汉学人才，两任学政和会试副考官，选拔汉学人才数百，当时号称得士之盛。在他的鼓励和支持下，一大批经学家得以发挥自己的特长，众多的经学著作得以刊刻和流传，乾嘉汉学之所以在嘉道以后仍有发展和光大，都因为有了这位护法者。钱穆曾经说："嘉道之际，在上之压力已衰，而在下衰运亦见，汉学家正统派如阮伯元、焦里堂、凌次仲，皆途穷将变之候也。"这说明嘉道之际学术已呈现出总结乾嘉学术的取向。焦里堂即焦循，他比阮元大一岁，是阮元的族姐夫，学问无所不通，被阮元称谓"通儒"，但是五十八岁便去世了。凌次仲即凌廷堪，是阮元的挚友，对礼学有精深的研究，可惜也仅活了五十五岁就去世了。由于他们俩的早逝，总结乾嘉汉学的重担也就落到了阮元的身上。他编写《国史儒林传》《经籍籑诂》《十三经注疏校勘记》，传布海内，为学者提供经学文本。他编写《畴人传》《积古斋钟鼎款识》《山左金石志》《两浙金石志》《淮海英灵集》，得到了学者的普遍重视；他编写《皇清经解》，虽然有割裂与选择不周，或有遗漏，但至今仍是研究清代学术无法取代的主要文献。李元度称他为"以经术文章主持风会，而其人又必聪明早达，敭历中外，兼享大年，其名位著述足以弁冕群材，其力尤足提倡后学，若仪征相国，真其人哉!"这是符合历史实际情况的。

阮元还是清代编写当代学术史的提倡者。陈寅恪先生曾经有这样一种观察，他认为清代史学与经学相比，是比较落后的。在陈先生看来，清代的史学成就无法与宋代史学相比。他在分析其中原因时这样说道：

> 清代经学与史学，俱为考据之学，故其治学者，亦并号为朴学之徒。所差异者，史学之材料大都完整而较备具，其解释亦有所限制，非可人执一说，无从判决其当否也。经学则不然，其材料往往残缺而又寡

少，其解释尤不确定。以谨愿之人而治经学，则但能依据文句，各别解释，而不能综合贯通，成一有系统之论述；以夸诞之人而治经学，则不甘以片断之论述为满足，因其材料残缺寡少及解释无定之故，转可利用一二细微疑似之单证，以附会其广泛难征之结论，其论既出之后，固不能犁然有当于人心，而人亦不易标举反证，以相诘难。譬诸图画鬼物，苟形态略具，则能事已毕，其真状之果肖似与否，画者与观者两皆不知也。往昔经学盛时，为其学者，可不读唐以后书，以求速效。声誉既易致，而利禄亦随之，于是一世才智之士能为考据之学者，群舍史学而趋于经学之一途。其谨愿者，既止于解释文句而不能讨论问题；其夸诞者又流于奇诡悠谬而不可究诘。虽有研治史学之人，大抵于宦成以后休退之时，始以余力肆及，殆视为文儒老病销愁送日之具，当时史学地位之卑下若此。由今思之，诚可哀也！此清代经学发展过甚，所以转致史学之不振也。

陈寅恪先生是公认的史学大家，他对清代学术所提出的见解有着他本人的深刻体会，就上述所论而言，他的分析可以说是非常确切的，然而将清代史学落后的原因全部归于经学的发达，恐怕未必合乎当时的实际情况。事实上，从清初至乾嘉，学人对史学仍然非常重视。如王夫之认为"所贵乎史者，述往事以为来者师也"，黄宗羲也说"二十一史所载，凡经世之业，亦无不备矣"，他提倡"学必原本于经术，而后不为蹈虚；必证明于史籍，而后足以应务"。王夫之的《读通鉴论》《永历实录》，顾炎武的《天下郡国利病书》《肇域志》以及康熙至乾隆年间不断兴起的文字狱如《明史》案、《南山集》案、《史论》狱等等，这些都说明学者并没有完全转向研究经学一途，史学仍是首选，只不过其史学成就往往被经学所掩。乾嘉之际，章学诚明确提出"六经皆史"的史学思想，不仅把史学的范围扩大，而且将史学提高到与经学相同的崇高地位。阮元则提倡历史考证学，他说"其实讲经者岂可不立品行，讲学者岂可不治经史"。近代学者柳诒徵在论及清代经学与史学的关系时说了以下一段话：

> 世尊乾嘉诸儒者，以其汉儒之家法治经学也。然吾谓乾嘉诸儒所独到者，实非经学，而为考史之学。考史之学，不独赵翼《廿二史札记》，王鸣盛《十七史商榷》，或章学诚《文史通义》之类，为有益于史学也，诸儒治经，实皆考史，或辑一代之学说，或明一师之家法，于经义亦未有大发明，特区分畛域，可以使学者知此时代此经师之学若此耳。其于三礼，尤属古史之制度，诸儒反复研究，或著通例，或著专例，或为总图，或为专图，或专释一事，或博考诸制，皆可谓研究古史之专书。即今文学家标举《公羊》义例，亦不过说明孔子之史法，与公羊家所讲明孔子之史法耳。其他之治古音、治六书、治舆地、治金石，皆为古史学，尤不待言。

柳先生在作出上述分析的同时，还列出他以为都可以视为考史的作品。如惠栋的《易汉学》、张惠言的《周易虞氏义》、江永的《仪礼释例》、凌廷堪的《礼经释例》、任大椿的《弁服释例》、张惠言的《仪礼图》、戴震的《考工记图》、阮元的《考工记车制图解》、沈彤的《周官禄田考》、王鸣盛的《周礼军赋说》、胡匡衷的《仪礼释官》、金鹗的《求古录礼说》、程瑶田的《通艺录》、刘逢禄的《公羊何氏释例》、凌曙的《公羊礼说》等等。柳先生将这些最能代表乾嘉经学的作品视为考史的作品，虽然不免失之笼统，但是此说将乾嘉学者考经即为考史的特征揭示出来了。事实上，柳先生所描述的实可视为清代一部学术简史。而阮元强调考史，目的也就是提倡编写当代学术史。如他编写《国史儒林传》，自定新体例，自称为了保证史料的真实性，在一百几十人的传记资料中，都不自加撰一字，对清代学术人物资料进行了系统的整理，保存了一批非常有价值的学术史料。后来不仅官修的《清史稿·儒林传》承袭了《儒林传》的模式，以它为起点，而且在晚清谭献、张星鉴、张之洞、章太炎、刘师培、梁启超等人的清学史著作中也都能看到《儒林传》的影子。龚自珍对此曾作出了这样的评价："公在史馆，条其派别，谓师儒分系，肇自《周礼》，《儒林》一传，公自手创。谈性命者疏也，恃记闻者陋也，道之本末，毕赅乎经籍，言之然否，但视其躬行，言经学而理学可包矣，觇躬行而喙争可息矣。"这就从正面肯定了阮元编写当代学术史的意义。

总之，阮元作为清代乾嘉之际山斗式的历史人物，其社会影响和历史地位是多方面的，限于篇幅，不再一一枚举。在本书结束之际，让我们借用王章涛先生在《阮元评传》中说的一句话作为对阮元的总体评价吧：自阮元起，中国学者已经觉得劲敌当路，不能沉湎于寻玄虚而应该求真务实，这务实的精神，实亦强国之道也。

附　录

年　谱

1764 年（清乾隆二十九年）　　正月二十日生于扬州郡城府西门白瓦巷旧第南宅。

1769 年（乾隆三十四年）　　入塾，从学于姑父贾天宁。

1771 年（乾隆三十六年）　　改从甘泉名儒胡廷森学。

1772 年（乾隆三十七年）　　受业甘泉名儒乔椿龄。

1778 年（乾隆四十三年）　　始应童子试，落榜，与学友渐有交往。

1780 年（乾隆四十五年）　　由胡廷森介绍，阮元入扬州李道南私塾"还是读书堂"读书。

1781 年（乾隆四十六年）　　七月，母林氏操劳过度，猝中重暑，八月二日病逝。结识客寓扬州的凌廷堪，成为终身挚友。

1782 年（乾隆四十七年）　　丁母林氏忧，始究于经学。

1783 年（乾隆四十八年）　　娶妻江氏，以理家事。

1784 年（乾隆四十九年）　　江苏学政谢墉督学江苏，岁试，取入仪征县学第四名。

1785 年（乾隆五十年）　　科试一等第一名，补廪膳生。

1786 年（乾隆五十一年）　　二月，随谢墉出试江苏镇江、金坛等地助阅试卷。在太仓结识钱大昕、李庚芸。

1787 年（乾隆五十二年）　　遵父命留馆京师。著《考工记车制图解》。生女名荃。

1788 年（乾隆五十三年）　刊刻《考工记车制图解》，饮誉京城。

1789 年（乾隆五十四年）　会试中式第二十八名。

1790 年（乾隆五十五年）　四月，散馆。钦取一等第一名，授职翰林院编修，居京城外扬州会馆。

1791 年（乾隆五十六年）　二月，大考翰詹，始置一等第二名，乾隆亲改一等第一名，升詹事府少詹事，奉旨南书房行走。修内府书画为《石渠宝笈》。

1792 年（乾隆五十七年）　正月，乾隆皇帝赐端砚一方。十月，幼女荃出痘早亡。六月，注释《大戴礼记》。十一月，妻江氏病逝。

1793 年（乾隆五十八年）　六月，出任山东学政。九月二十四日，出试兖州、曲阜、济宁州、沂州。十一月，主祭孔庙。

1794 年（乾隆五十九年）　始修《山左金石志》。毕沅抚山东，与之商讨编纂条例等事宜。

1795 年（乾隆六十年）　四月，刻《仪礼石经校勘记》，为新城王士禛书写立墓道碑。八月，捐修东汉学者郑玄墓祠。十一月抵杭州出任浙江学政。

1796 年（嘉庆元年）　正月，撰《小沧浪笔谈》。五月，刻成《山左金石志》，始著《淮海英灵集》。

1797 年（嘉庆二年）　始编《经籍纂诂》《畴人传》。刊刻《七经孟子考文》。

1798 年（嘉庆三年）　正月，撰成《淮海英灵集》。四月，撰成《两浙輶轩录》，注释《曾子》十篇成。调补兵部右侍郎、礼部右侍郎。刻成《珠湖草堂诗集》。

1799 年（嘉庆四年）　嘉庆皇帝亲政，南书房行走。奉旨为国子监算学，撰《广陵诗事》成。十月，署浙江巡抚。

1800 年（嘉庆五年）　实授浙江巡抚。手订《定香亭笔谈》四卷。设馆校《十三经注疏》。十二月初，赴金华等地赈济灾民。立《育婴堂章程》。

1801 年（嘉庆六年）　立诂经精舍，撰《两浙防护录》《经籍纂诂补遗》成。

1802 年（嘉庆七年）　刊刻《诂经精舍文集》。撰《皇清碑版录》。

1803 年（嘉庆八年）　正月，立海宁安澜书院。建玉环厅学宫，添加学额。

1804 年（嘉庆九年）　修《海塘志》成。撰《经郛》，定体例分纂。八月，刊刻《积古斋钟鼎彝器款识》十卷。

1805 年（嘉庆十年）　七月，丁父忧，回扬州守制。隋文选楼建成。

1806 年（嘉庆十一年）　重修《皇清碑版录》，付王豫补辑。十月，刊刻《十三经注疏校勘记》二百四十三卷成。

1807 年（嘉庆十二年）　正月，编《瀛舟书记》成。进京述职，进呈《四库全书》未收之书六十种。

1809 年（嘉庆十四年）　二月，重浚西湖，以备农田水利，聚土于湖心亭之西，人称"阮公墩"。八月，刘凤诰乡试舞弊案发，阮元因不能举察，被革职。

1810 年（嘉庆十五年）　四月，自编《十三经经郛》，计一百余卷。

1811 年（嘉庆十六年）　六月，编《汉延熹西岳华山碑考》四卷成，又编《四库未收百种书提要》成。七月，著《南北书派论》。

1814 年（嘉庆十九年）　三月，补授江西巡抚，以镇压江西天地会有功，赏加太子少保衔。

1815 年（嘉庆二十年）　领衔刻《十经注疏附校勘记》。

1816 年（嘉庆二十一年）　八月刻成《十三经注疏附校勘记》。至开封接任河南巡抚。十一月调补湖广总督。

1818 年（嘉庆二十三年）　四月，建大黄窖、大虎山两炮台。

1819 年（嘉庆二十四年）　十一月刻《文选楼诗存》，为王引之《经传释词》作序。

1820 年（嘉庆二十五年）　三月，仿杭州诂经精舍创建学海堂。九月，会同广西巡抚赵慎畛镇压天地会。

1821 年（道光元年）　七月，刊刻《江苏诗征》成，凡五千四百三十余家，计一百八十三卷。

1823 年（道光三年）　正月，六十寿辰，刻成《揅经室集》。

1825 年（道光五年）　三月，作《文韵说》。八月，聘严杰主持编纂《皇清经解》，监刻者为吴兰修，校对者为学海堂诸生。十月，暹罗国遣使来进例贡，并为该国世子郑福求请敕封。

1826 年（道光六年）　六月，奉调云贵总督。十二月，到滇复往开化，行程一万数千里，得诗一卷，名《万里集》。

1827 年（道光七年）　著《塔性说》。十月，筹边费一万两，招募傈僳三百户驻腾越厅边界，给以香柏岭一带山地屯种，以防野匪。

1829 年（道光九年）　十二月，刻成《皇清经解》，计书一百八十余种，一千四百卷。

1830 年（道光十年）　三月，平定龙陵厅芒市土司作乱。九月，驳越南图谋侵占中国六猛地区。作《明堂图说》。

1831 年（道光十一年）　四月，建碧鸡台。

1832 年（道光十二年）　六月，提拔副将曾胜为广东提督。九月，拜协办大学士，仍留云南总督之任。

1833 年（道光十三年）　三月，赏七十寿辰，道光皇帝亲笔书写"亮功锡祜"四字。七月，云南地震，急赈灾民。八月，防堵越南乱军侵扰边境。

1834 年（道光十四年）　八月，著《石画记》四卷成。

1835 年（道光十五年）　三月，回京补授体仁阁大学士，管理兵部事务。所修《云南通志》刊行。

1836 年（道光十六年）　二月，充经筵讲官。撰成《诗书古训》。

1837 年（道光十七年）　二月，经筵奉旨派讲四书论。

1838 年（道光十八年）　五月，奏请解任休致。八月，致仕归扬州，回东大门福寿庭宅。谨守上谕"清慎持躬"和"怡志林泉"。

1839 年（道光十九年）　三月，在扬州北湖筑堤修庄，题"南万柳堂"。

1840 年（道光二十年）　八月，自订《揅经室再续集》，以《穀梁传学序》冠其首。

1841 年（道光二十一年）　二月，《雷塘庵主弟子记》七卷本刊行，罗士琳校并作跋。五月，鸦片战争期间，阮元向钦差大臣伊里布建议用以美夷制英夷之法，事不果行。十二月，自撰《寿圹记》。

1843 年（道光二十三年）　三月三日，赴道桥扫墓，是夜福寿庭着火，书物俱焚。闰七月，重刻《旧唐书》。

1846 年（道光二十六年）　七月，晋加太傅衔，准其重赴鹿鸣筵宴，并在籍支食全俸。

1848 年（道光二十八年）　六月，长江水倒灌，沿江洲圩田庐舍漂没，仪征尤甚，阮元捐金赈灾。

1849 年（道光二十九年）　按例是年重赴琼林宴，未逢会试，改于翌年。十月，至旧城谒家庙。十月十三日，阮元病发谢世，赐谥号为"文达"。

主要著作

1. 《诗书古训》六卷。

2. 《书古训》三卷。

3. 《曾子注释》四卷。

4. 《孝经义疏》一卷。

5. 《论语论仁论》一卷。

6. 《孟子论仁论》一卷。

7. 《三家诗补遗》三卷。

8.《考工记车制图解》二卷。

9.《仪礼石经校勘记》四卷。

10.《十三经注疏校勘记》二百四十三卷。

11.《积古斋钟鼎彝器款识》十卷。

12.《华山碑考》四卷。

13.《四库未收百种书提要》五卷。

14.《畴人传》四十六卷。

15.《广陵诗事》十卷。

16.《石渠随笔》八卷。

17.《小沧浪笔谈》四卷。

18.《揅经室集》四十卷。

19.《揅经室续集》九卷。

20.《揅经室再续集》六卷。

21.《经籍籑诂》一百零六卷。